AcT
witch Love

幸福關係的
防疫處方箋
——亮燦愛的行為！

以接受Acceptance 與 承諾Commitment 治療Therapy，
停止痛苦、調和差異、強化伴侶關係。

Russ Harris, MD

羅斯・哈里斯 — 著

張美惠 — 譯

張本聖 — 中文版審閱

CONTENTS 目錄

幸福關係的防疫處方箋

甜蜜的麻煩

　　關係是美好又可怕的東西，快樂時可以帶你上天堂，痛苦時可以讓你跌到谷底，美好時讓你乘著愛的翅膀翱翔天際，但也可以一下子從高處摔落，爛在泥裡。在關係初期，當你溫柔地將伴侶擁在懷裡，胸腔裡心臟狂跳如職業拳擊手，你很難想像在不久的未來，有一天這所有的幸福感都將消逝。沒錯，消逝，不見了，蹤影全無。取而代之的是憤怒、恐懼、憂傷、挫折、孤單、懊悔、絕望，甚至是怨嘆、輕蔑、厭惡或仇恨。

　　為什麼會如此？簡單的事實是：感覺會變。感覺就像天氣，即使在最熱的夏天或最冷的冬天，天氣也不斷在變，我們的情緒也是。所以不論你的伴侶有多好，不論你們的關係多融洽，初期感受到的愛都無法持久。但別驚慌，感覺雖不可避免會消失，但也會再回來。然後再消失，再回來。一直輪迴下去，直到生命的最後一天。人類的每一種情緒都是如此，不論是恐懼、憤怒、快樂或幸福。感覺來來去去，就像冬去必定春來。

　　我們多數人在某種層次上都知道這件事，但很容易就忘記了。我們會愛上愛的感覺，期待能一直維持下去。我們期待伴侶滿足我們的需要，表現出我們希望的行為，實現我們的願望，大抵而言讓我們的生活更好、更輕鬆、更快樂。然而，當現實與幻想衝突時，我們的心情便陷入谷底。

　　身為人的一大笑話，就是我們花最多時間相處、最親密熟識的人也正是最會「惹毛」我們的人。一句挖苦的話、冷淡的拒絕、嚴厲的批評、憤怒的發飆，若是出自老闆、鄰居、同事之口，當然也會讓人不快，但若是出自所愛的人之口，我們所受的傷害會深重許多。這是無法避免的：愛讓我們脆弱。

如果我們讓自己和另一個人維持親密坦誠的關係，讓那人穿透我們的防衛進入心裡，就是容許自己受傷。愛和痛苦就像親密的舞伴，總是手拉著手。不要光聽我說的，檢視一下你自己的經驗：你是否曾經和某人很親近，共處很多時間，卻不曾因彼此的互動而感受到某種痛苦？

所以基本事實是：如果你擁有一間房子，就必然會有維修成本和水電費；如果你有孩子，就必然要面對髒尿布和睡眠不足；如果你和人建立親密關係，就一定會承受某種程度的痛苦和壓力。這是做為人不得不面對的現實之一。和另一個人分享生命可以是非常美妙、讓人感動、充滿驚奇的經驗，但有時也可以非常可怕。歌星、詩人、浪漫小說家、卡片公司都可以因忽略這個不願面對的現實而獲利。他們要你相信所有古老的迷思：相信真的有某個完美的伴侶在世界某個角落等你；沒有這個人你就不完整、不滿足、注定一輩子苟活；當你真的找到這個完美的伴侶，你會墜入愛河，不費力地永遠維持那個幸福的狀態。

當然，我說得比較誇張一點。事實是我們所有的人幾乎都對愛、關係、親密抱持不切實際的期待；在我們一生中，這些信念不斷被電影、小說、戲劇、歌曲、電視、詩歌、雜誌、報紙、辦公室八卦、善意的朋友、甚至是自助書籍強化。不幸的是，如果我們讓這些誤導的觀念引領我們的人生，嘗試以此為基礎營造關係，我們會發現自己陷入惡性循環，想要營造永恆的愛，最後卻反而摧毀了愛。

我們被誤導以錯誤的方式尋覓愛，在現代社會這已經造成很多破壞。在多數西方國家，離婚率逼近 50%，即使沒有離婚，也有很多人的婚姻充滿空虛、孤單和痛苦。愈來愈多人害怕進入長期的關係（不論是否結婚），唯恐一切將在眼淚、怨恨或訴訟中結束。也難怪現在獨居的單身成年人數比歷史上任何時候都多。

這一切聽起來有些悲觀、灰暗、讓人沮喪？不用害怕。好消息是你有辦法為這甜蜜的麻煩帶進一些秩序。這本書正是要告訴你怎麼做。你會在書中

學習到如何放下關於愛的無益信念和心態；如何務實地營造真誠、親密、相愛的長遠關係；如何面對這類關係必然會引發的痛苦想法和感覺。此外，你會學習到如何處理悲傷、被拒和恐懼；如何有效面對憤怒、挫折和不滿；如何寬恕自己和伴侶；如何重建破碎的信任感；如何在協商兩人的需要與調和彼此的差異時降低緊張和壓力，將衝突所帶來的痛苦和傷害轉化為關懷和同情。

■ 接受與承諾治療 ■

本書以心理學革命性的新發展為基礎：亦即接受與承諾治療（Acceptance and commitment therapy），簡稱 ACT（應念做一個字，而不是三個字母）。ACT 是由美國心理學家海斯（Steven Hayes）創立，後由他的同僚進一步發展 —— 包括史特拉索爾（Kirk Strosahl）和威爾森（Kelly Wilson）（Hayes, Strosahl, and Wilson,1999）。ACT 是以科學為基礎的治療法，已證明對人類多種痛苦的境況都有效——舉凡憂鬱、藥癮、工作壓力、思覺失調症等等。有趣的是，ACT 雖建立在行為心理學的先進研究成果上，和許多古老的東方傳統竟有驚人的相似處。

ACT 建立在一套非常有用的原則上，能夠讓你培養出「心理靈活性」。愈來愈多的科學研究顯示，我們擁有的心理靈活性愈高，生活品質就愈高。但心理靈活性究竟是什麼？意思是你會有能力秉持坦誠、覺察、專注力來適應環境，依循你的價值觀採取有效的行動。價值觀是你對於自己想要成為怎樣的人，想要在生命中代表什麼價值的最深刻慾望。聽起來一頭霧水？且讓我一一分解。

心理靈活性有兩大元素：

1. 心理上能夠活在當下：這個心理狀態通常稱為「正念」。正念讓你能：

- 秉持坦誠和好奇的心態充分覺察你此時此刻的經驗；
- 不論你正在做什麼都能全心投入；
- 降低痛苦的想法和感覺帶給你的影響和衝擊。

2. 能夠採取有效的行動。換句話說，你的行為會符合下列 3 點：

- 那是有意識的、深思熟慮的行動，而不是衝動或不假思索的；
- 由你的核心價值觀激勵、引導、鼓舞；
- 有彈性，能適應情勢。

更簡單地說，心理靈活性是能夠專注當下、打開心扉、做重要的事。隨著心理靈活性的提高，你將更能有效處理困難的感覺，打破無益的思想歷程，超越自我侷限的信念，專注投入你正在做的事，改變沒有效、適得其反的行為，讓你能營造更美好的關係。

ACT 原本是為憂鬱和焦慮之類的問題設計的，但核心原則可輕易應用在關係問題，且得到很好的效果。你在閱讀本書時，會發現我們強調的一個重點是培養正念——秉持開放和好奇的心態發揮充分的覺察力。另一個重點是釐清你的價值觀並以此做為行為的依據：你對於自己想要成為怎樣的人，想要在生命中代表什麼價值的最深刻慾望。本書探討的重心放在親密關係，例如你和配偶或伴侶之間，但你可以運用這些原則來提升與豐富任何對你重要的關係，不論是你與子女、父母、朋友、鄰居或同事之間。

■ 本書的目標讀者 ■

本書主要探討一般的關係問題，那種幾乎所有夫妻都會碰到的問題，而不是探討較極端的關係問題，如家暴或嚴重成癮。我寫這本書是為了四種讀者：

- 你的關係還可以，但你希望讓關係更豐富。

- 你的關係很不好，你想要修補。
- 你目前沒有在關係裡，但你想要了解上一次的關係出了什麼問題，以便做更好的準備迎接下一次。
- 你是治療師、諮商師或教練，想要了解有哪些方法可以處理關係問題。

如果你是前兩種類型，那麼你的伴侶可能會願意和你一起讀這本書。但本書的優點之一是即使伴侶沒興趣，你也可以單方面改善關係。

■ 如何運用本書 ■

《幸福關係的防疫處方箋 -- 亮燦愛的行為！》分成三部分。第一部「混亂」，探討關係裡會出現哪些問題。第二部「承諾」，檢視你應該留下或離開，如果真的要留下來改善關係，需要怎麼做。第三部「創造幸福」，探討你希望成為哪一種伴侶，哪些想法和感覺構成阻礙，正念可以如何幫助你處理得更好。此外，我們會探討衝突與痛苦的不可避免，以及你可以如何更有效地調和彼此的差異。最後我們會討論有哪些方法可以永遠強化與深化你們的關係！

你在書中會讀到各種關係問題，有些可能和你的問題很相似。多年來我協助過很多人處理關係問題，但書中提到的故事是幾個案例的綜合。我更改了人名和故事的細節，以便完整保護他們的隱私。這些故事雖沒有與任何真實人物的生活確切相符，但肯定能反映許多伴侶面對關係問題的掙扎與成功經驗。

我們在整本書裡都會一再回到 ACT 的基本原則，你會學習到如何應用這些原則，讓你自己以及你們的關係更美滿。當然，光是閱讀這本書不會改變任何事。如果你讀一本教人打網球的書，光讀不練不會讓你成為網球選手，你一定要走出去拿起球拍來打。關係也是一樣的，如果你想要改善關係，就

必須練習應用書中的內容。有時候會很辛苦，事實就是如此：要營造愛的關係或修補毀壞的關係需要時間、心力和決心。但我很確信一點：如果你持續應用書中的方法，就會讓你的人生變得更豐富，更充滿愛。所以，如果你認為這是值得努力的事，那就繼續讀下去吧！

第 一 部

爛攤子

第 01 章
不可能的任務？

　　墜入情網很容易，任何人都會，那就像享受美食或欣賞好看的電影一樣——很快樂，不費吹灰之力。但維持相愛可是真正的挑戰，又因為多年來我們被灌輸了種種觀念和謬論，更增挑戰的難度。從最早聽到的童話故事（王子和公主從此過著快樂的日子），到多數流行電影、書本、電視劇的好萊塢式結局，我們一次又一次看到同樣的迷思。其中四大類是：

■ 迷思一：完美的伴侶 ■

　　你知道廣大的世界裡某個地方存在一個最適合你的人嗎？是的，這是真的。你夢想的真命天子、天女正無可救藥的失落在世界某處，每天就只是殺時間在等著你找到他或她。只要努力尋找，你就會找到一個伴侶，實現你的所有幻想、滿足你的全部需要、永遠幸福快樂地生活在一起。

　　說得好棒棒。就像聖誕老公公也是真的一樣！

　　事實是世界上沒有所謂完美的伴侶，就好像世界上沒有完美的夫妻。（有一則古老的笑話說，夫妻有兩種：一種是神仙眷侶，另一種是你心知肚明的。）但真的放下這種觀念有多難？停止拿伴侶和別人比較有多難？停止幻想你原本可以有或應該有或想要的理想伴侶有多難？或你真的有過很棒的伴侶，

但因為某種原因無法持久？停止老是想著伴侶的缺點、弱點和短處，想著如果伴侶能改變，人生會多麼美好？

答案：對多數正常人而言確實很難。但不必一直認為這是很難辦到的，只要你願意，改變是可能的。我們且花點時間檢視當你陷入這些思考模式，你會因此付出什麼代價，會帶給你多少挫折、憤怒和失望？當然，我不是主張你就應該讓伴侶隨時為所欲為，完全不用考慮你，那樣絕無法營造健康有活力的關係。

我的意思是你要誠實地好好檢視你內在的信念，包括你相信伴侶**應該**表現怎樣的行為，你們的關係**應該**是什麼樣子。要注意你對伴侶和你們的關係的所有負面評斷，以及你自己沉浸在這些想法時會受到怎樣的影響。這些對你們的關係有幫助嗎？或者反而造成傷害？

■ 迷思二：你讓我人生變得完整 ■

談到電影，我是浪漫喜劇迷：《妳是我今生的新娘》、《BJ 單身日記》、《當哈利遇上莎莉》等，我都超愛看的。其中我最喜歡的是《征服情海》，裡面有一句很棒的台詞，「妳讓我的人生變得完整。」主角馬奎爾在劇末對女友說了這句話，證明他有多愛她——那一刻我突然被我的爆米花噎到！

相信這樣的信念實在太沒有幫助了。如果你贊同這個迷思，表現得好像沒有伴侶你就不完整，恐怕很容易遇到各種問題。你會變得需索、倚賴、害怕一個人，這都很無助於營造健康有活力的關係。所幸只要你繼續讀下去，你就會發現不論有沒有伴侶，你已經是個完整的人了。當然，如果你的腦子和地球上多數人相似的話，它不會輕易同意這一點。我們的腦子自然而然會自我批評，指出我們是多麼的不完整，而且似乎樂在其中。但不論你的腦子會如何抗議，閱讀本書的過程中，你會體驗到不需仰賴任何人，你就能感覺自己完整無缺。這會讓你在關係中更忠於自己：能誠實地表達你的感受，要求得到你需要的東

西，挺身護衛自己，而不會因為害怕被拒絕、被拋棄而退縮。

■ 迷思三：愛應該很容易 ■

愛應該很容易。這個嘛……我們且更仔細檢視這句話。

假想你和一個人親密生活很長一段時間，這人有（1）不同的想法和感受，（2）不同的興趣，（3）對家事、性、金錢、宗教、教養子女、假期、工作與生活的平衡、相處時的品質有不同的期待，（4）有不同的溝通、協商、自我表達風格，（5）對你喜歡或害怕或厭惡的事物有不同的反應，（6）對食物、性、運動、玩樂、工作有不同的驅力，（7）對整齊乾淨有不同的標準，（8）有一些親戚朋友是你無法相處得很融洽的，（9）有一些維持了一輩子、根深柢固的習慣和怪癖讓你很煩……你還覺得應該容易嗎？

◎ 聽起來很有道理吧？

當然，我們的腦子會很快指出，如果伴侶和我們更速配，如果不是和我們那麼不同，關係就會容易很多。說得好，但現在我們又回到迷思一了：完美的伴侶。事實是你和伴侶永遠會在上述某些或全部（以及其他很多地方）有明顯的差異。這就是為什麼維持關係**不容易**。美滿的關係需要溝通、協商、妥協以及常常寬容彼此的差異。另外還需要你挺身護衛自己，誠實表達你的慾望和感覺——在某些情況下，當攸關你的健康和幸福時——絕對拒絕妥協。這是很大的挑戰。但只要你期待伴侶和你有相同的想法、感覺和做法，就只有等著迎接失望和挫折。

無可否認，有些夫妻的共通點比較多。有些夫妻天生較樂觀、平靜、隨和，有些很善於溝通，有些興趣非常相似。我們要面對現實，如果你們兩人都非常瘋攀岩，安排假期時會比一個喜歡在海邊日光浴，一個對此深惡痛絕的夫妻容易很多。但不論你們有多少共通點，總會有某些差異對兩人構成挑

戰。所幸接受與承諾治療（Acceptance and Commitment therapy）非常著重接受（如同名稱所顯示的）。當你學會真正接受伴侶的不同，你會發現你的挫折、不滿和憤怒開始消散，然後你就可以享受健康的關係帶給你的許多快樂。（這裡要提供一個小提醒：「接受」不是接受與承諾治療裡唯一重要的詞，另外一個詞是「承諾」。本書不只談接受——也談如何承諾採取行動來改善關係。）

■ 迷思四：永恆的愛 ■

　　永恆的愛真的存在嗎？這是棘手的問題。人們談到愛時，通常說的是一種情緒狀態：奇妙地綜合了許多想法、感受和感覺。這樣定義愛有一個問題：感受不會維持太久。我們的情緒就像天空的雲朵不斷變幻——縮小、變大、消散、再次浮現。因此，只要我們將愛定義為感受，它就絕不會是永恆的。

　　當然，在關係初期，愛的感受會比後期更強烈，維持更久，更快回復，這就是一般常說的「蜜月期」。這時的我們完全沉醉在羅密歐與茱麗葉式、神魂顛倒的感受裡。但這種狀態不會維持很久——多數蜜月期大約為時六個月到一年半，鮮少，甚至都不會超過三年。結束時，我們通常會感到失落，畢竟那個感覺**真的**很美好！事實上，美好到當蜜月期結束時，很多人會和伴侶分手，認為「我受夠了。我感受不到愛了，顯然這個人不適合我，我要結束。」

　　這實在很可惜，很少人明白，通常要等到蜜月期結束後，才會發展出真實、相愛、有意義的關係（這似乎是詞曲創造者、詩人、歌星沒有意識到的另一個事實）。你在蜜月期時就好像嗑了一種藥，這種藥會讓你沉醉，還會玩弄你的感覺，讓你很亢奮，眼中看到的伴侶似乎很理想。但你沒有看到真實，只看到藥物引發的幻象。等藥效消退了，你才會看到伴侶的真實面貌。你突然意識到騎士閃亮的盔甲布滿鏽斑，白馬其實是灰驢；少女的純絲洋裝只不過是廉價的尼龍布，長長的金色鬈髮其實是假髮。這當然會讓人有些震

驚，但這裡面蘊藏著很好的機會，讓兩人可以看到彼此真實的面貌，建立真誠的親密關係。隨著關係的發展，你會感受到新的愛情——也許沒有那麼激情或醉人，但絕對更豐富更讓人滿足。

基於以上種種因素，我建議以一種更有幫助的角度來看待愛。不要把愛想成感受，而要想成行動。愛的**感受**說來就來，說走就走，你無法控制它。但愛的**行動**是你可以做的，不論當下有怎樣的感覺。舉例來說，有時候我和妻子會爭吵，脾氣一來互相吼叫，愈講愈大聲，吵到最後各自氣沖沖跑到不同的房間。這樣做既沒有幫助也沒有作用，無法讓我們更接近，無法解決問題，只是浪費時間，消磨掉關係的生命力。我們經過一番教訓才學明白，愈早修補傷害對兩人都愈好。有時候我太太會先示好，嘗試解決問題——有時候則是我。但總是沒多久就會有一人先提出和解。

這並不容易，你必須打開心扉，保留空間給你的憤怒，不讓自己被怒火吞噬。你必須放下「我都對，他都錯」的想法，和你的價值觀重新連結：記住你想要成為哪一種伴侶，想要營造哪一種關係。然後你得採取行動。

幾週前我和妻子卡梅兒大吵一架，那次是我先示好，嘗試和解。我仍然很生氣，仍然相信我對她錯，但讓彼此的關係恢復活力比證明我對更重要。於是我走進卡梅兒在看書的房間，為剛剛大聲吼叫道歉，問她是否願意抱抱。她說：「不要，但如果你要，我們可以抱抱。」於是我們躺在床上抱抱。但我抱著卡梅兒時並沒有愛的感受，而是感到緊繃、挫折、憤怒、自以為是——還有想要繼續吵架吵到贏的強烈衝動。（卡梅兒的感受也差不多。）但儘管有這些強烈的感受，我們仍繼續相擁，最後兩人都平靜下來。所以我們顯然都在表現愛的**行動**，雖然沒有愛的**感受**。

即使沒有愛的感受，仍然可以表現愛的行動，這個事實讓人產生很大的自主感。為什麼？因為愛的感受很短暫，基本上不是你能控制的，但你一輩子都能隨時隨地表現愛的行動。事實上這個事實適用於所有的人。舉例來說，你可以感覺到很生氣但表現得很平靜，你可以感覺到焦慮但表現出自信。這

個能力引導出 ACT 的一個關鍵主題：不要再嘗試控制你的感受，要控制你的行動。（正因為強調行動，ACT 要讀成一個字（意指行動），而不是分別讀出三個字母。）

■ 超越迷思 ■

社會上還流傳很多愛的迷思，但主要是這「四大迷思」，你可以把它們湊在一起變成一大迷思：找到真命天子（天女），然後你就變得完整無缺，餘生不用費力就會一直深深相愛。為了簡化，我將這則故事稱為不可能的任務。如果你相信這些，就只有準備艱苦對抗現實。

那麼你有別的選擇嗎？即使沒有一點愛的感受也要表現出相親相愛的行動，這不是很悲慘的關係嗎？這樣說吧，這是一種選擇，但不是我推薦的那種。本書的目標是考量現實的侷限，幫助你營造自己能力所及的最好關係——讓你能表現愛的行動，感謝伴侶帶給你的一切，學習接受你們的不同，更有效地處理你自己的情緒，持續追求幸福和成長直到生命的最後一天。聽起來不可置信嗎？如果是，那太好了！在這整本書裡，我會鼓勵你不要只因為我說了什麼就相信。你要測試書中的觀念，看看會發生什麼事。

接下來幾天我希望你記下你認為你們的關係或你的伴侶有任何不對的地方。看看這些想法是否有任何地方和「四大迷思」相關。每天花幾分鐘將這類想法記在日記裡，幾天後回答下列問題：

· 當你完全沉浸在關係或伴侶有問題的想法時，你的心情如何？
· 當你相信或老是想著這些想法，對你們的關係有什麼影響？

注意：整本書裡會多次請你記寫日記。但為了不要太麻煩，你可以上網 https://www.actmindfully.com.au/free-stuff 查看免費資源，上面有立即可

用於本書每一則練習的格式，提供讀者免費下載。

　　下一章要檢視什麼因素讓關係裡的愛逐漸流失。但在讀下去之前，請務必做這個練習，或至少想一想。如此你就能準備好回答我的下一個問題……

第 02 章

你有什麼毛病？

茵蒂拉：我們以前在一起很開心——週末會出去玩，找朋友來吃飯，一起吃喝玩樂。現在他只想看電視上的體育節目。我要生活多點樂趣！

葛　雷：她好像以為我是賺錢機器，不斷花錢花錢花錢，買一堆有的沒的——衣服、書籍、廚房用品，甚至買了新的電漿電視。她好像不知道我們還有貸款要繳。

**珍　**：他已經沒有性趣了，總是在我睡著後上床，我醒來之前起床。我知道生了孩子之後我變得比較胖一些，可是……

迪米崔：她很不講道理，什麼事都要聽她的。她都對，都懂，不聽她的就拉倒。如果沒有照她的意思，我向你保證——有人會很慘！

瑪麗亞：他隨時都在生氣。下班一回到家，就開始吼小孩和我，看什麼都不順眼。要討他開心根本不可能。

傑　森：她變成冰山美人，碰都不讓我碰，只要我靠近，她就要我滾遠一點。

丹妮絲：他永遠不在家，不是在辦公室就是和朋友聚會或是弄他的車子。就算他在旁邊也從來沒在聽你講話，都在想他自己的事。

麥　可：她為什麼不能愛乾淨一點？我以為男生才會邋遢，原來女生也

會！我老是在她身後收拾打掃，感覺好像我才是家庭主婦。

上面有任何一句抱怨聽起來有點熟悉嗎？這些是我在諮商室經常聽到的典型抱怨。多年來我諮商過各種背景的人，聽過案主批評配偶的內容五花八門，包括你想像得到的所有事情——從口臭到穿衣品味；沒有朋友到交友不慎；從話太多到話太少到講話「毫無內容」。我們就面對現實吧：配偶能夠讓我們不滿的地方罄竹難書。那麼你和伴侶的問題是什麼呢？

你們是否在吵架、冷戰、故意避開彼此？你們的歧見是關於性、金錢、家事、生孩子、養孩子、搬家、換工作嗎？你是否覺得孤單、沒有愛、被拒、被貶低、被霸凌或碎念？你覺得無趣？家庭、健康、工作、財務讓你感到壓力沉重？你是否因為面臨重大的人生挑戰而苦惱，好比孩子、疾病、失業、訴訟、退休或其他事情？你們是否因為壓力太大而「發洩」在彼此身上，而不是建設性地合力克服挑戰？

■ 消磨人生的基本過程 ■

不論你的問題是什麼，你會發現背後有五個基本過程——我可以保證這五個過程一定會讓關係裡的親密和活力被消磨殆盡。五個縮寫字合起來非常好記：DRAIN（意指耗竭）。

D – 連結變差（Disconnection）

R – 直覺反應（Reactivity）

A – 逃避（Avoidance）

I – 陷在腦中的世界（Inside your mind）

N – 忽略價值觀（Neglecting values）

接下來就讓我們一一檢視。

◎ 連結變差

你是否曾經感覺與某個人有特別的連結？理論上你和伴侶應該有（至少剛開始還未出現問題時應該有）。英文的「連結」（connection）源自拉丁文com 和 nectere，意思分別是「一起」和「綑綁」。因此，當我們與某人有連結，就好像某種東西將我們綁在一起，以一種特別的方式結合。當我們與某人有連結時，我們在心理上是專注的，換句話說，當下我們會很用心和對方相處，完全投入其中。

要能真正與另一個人連結，首先當然要專注在對方身上。但光是專注還不夠，必須抱著特定的心態專注：抱著開放、好奇和接受。**開放**是沒有防衛、敵意或預設立場；你不會雙手抱胸，握緊拳頭或伸手指畫，而是好像張開雙臂擁抱歡迎對方。**好奇**是指真正對伴侶感興趣，放下既有的看法，試著了解對方——了解他是什麼樣的人，此刻想要什麼，需要什麼。**接受**是有意願地「帶著有容乃大的胸襟理解」，接受對方要給我們的東西，不論對方要分享什麼都保留接受的空間。

如同前面提到的，「正念」通常指的是帶著開放與好奇的專注。當有人抱著正念和我們連結，我們會感覺自己是重要的，被關心、珍惜、感謝、尊重、有價值的。但如果某人和我們連結變差，態度退縮、冷淡或封閉；或是沉浸在自己的思想和感覺，對我們沒有興趣；或是在我們面前看起來是無趣、不滿、注意力分散的；或是對待我們的態度好像我們讓他討厭、或是侵犯到他、煩擾到他，不值得花心思在我們身上——那種感覺一定不太好，不是嗎？

不幸的是，當伴侶停止連結時，另一方通常會以牙還牙，很快地便形成惡性循環。你愈是和伴侶連結變差（或反過來伴侶和你連結變差），你們之間的親密和熱情愈會被消磨掉，到最後只剩下巨大的空洞——一個無法讓生命繁茂生長的乾涸荒地。

◎ 直覺反應

鮑伯和三歲的兒子丹尼爾玩「猴子遊戲」，抓著兒子一手一腳晃蕩，一邊發出「歐歐歐」的叫聲，丹尼爾開心笑著。父子倆玩得很開心，直到可怕的那一刻——鮑伯不小心讓他掉下去。

丹尼爾撞到地上，發出巨大的砰一聲。有一瞬間他驚嚇到沒有半點聲音，然後皺起臉孔，像報喪女妖一樣哭嚎起來。鮑伯的妻子莎拉衝過去，緊張到滿臉脹紅，罵鮑伯：「都是你害的！」她將丹尼爾抱起來說：「沒事了，沒事。爹地對你做什麼事了？」她拍拍丹尼爾的背，憤怒地瞪了鮑伯一眼。

鮑伯很憤怒，覺得莎拉的反應一點都不公平，立刻反罵回去：「妳是個潑婦！」然後便衝出去。

兩人的作為都是直覺反應的典型例子。他們碰到情況時不是以覺察、開放、自我克制的態度回應，而是自動化反應。我們處於直覺反應的模式時，就像傀儡一樣被思想和感覺拉扯移動，自我覺察以及對自身行為的控制力都很少，甚至完全沒有。一旦直覺反應緊緊抓住你，你會表現出衝動、不假思索或自動化的行為：好像盲目地被情緒驅趕著，狹隘地抱持自己的信念和判斷。你和伴侶的相處愈是陷入直覺反應的模式，愈可能表現出適得其反的作為，讓關係無法呼吸，奄奄一息。

◎ 逃避

我問：「喜歡感覺不好的人請舉手？」現場有六百多位觀眾，沒有一個人舉手。這可以預期，我們都不喜歡不愉快的感覺，都會很努力避開。這很自然，但也會製造問題。我們愈是覺得逃避不愉快的感覺很重要，人生反而更容易愈過愈糟。這有太多的科學資料可以佐證。嘗試逃避或去除不愉快的感覺在技術上稱為**經驗逃避**（experiential avoidance），嚴重的經驗逃避與憂鬱、焦慮、壓力、成癮及多種健康問題的風險升高有直接關聯。（Hayes et al., 1996）

為什麼會如此？主要是因為我們常會使用一些策略來逃避不愉快的感覺，好比把東西往身體裡塞、分散注意力、退縮到舒適圈等。接著我們就快速一一探討。

把東西往身體裡塞：人類是這方面的專家，會將各種物質填入身體，讓自己感覺好一些：例如巧克力、披薩、啤酒、葡萄酒、香菸、大麻、海洛因、抗焦慮藥劑 (Valium)、搖頭丸、薯條、冰淇淋等等。這些東西通常能幫助我們短時間逃避不愉快的感覺，但如果過度倚賴，長期下來很容易嚴重損害健康和幸福。

分散注意力：我們心情不好時常會試著將問題「拋到腦後」。只要能把注意力移開，做什麼都好：看電視、打電腦、玩拼字遊戲、吃喝玩樂、埋首工作、散步。如此雖有助於暫時逃避不愉快的感覺，對我們的生活品質往往有害。為什麼？第一，浪費時間。你浪費了多少生命看電視、上網、看沒內容的雜誌，只為了逃避無聊、焦慮或孤單？想想如果你把時間投注在追求對你真正重要、有意義的事，結果會如何？第二，當我們忙著分散注意力，就不會採取有效的行動改善長期的生活品質。關係中這種情況太常見了。我們往往不是努力改善和伴侶互動的方式，而是忙著讓自己感覺良好。

退縮到舒適圈：挑戰性的狀況會引發不愉快的感覺，如恐懼、焦慮、憤怒、挫折。逃避這些感覺的一個方法是遠遠避開那些情況。例如你可以不和伴侶說話，拒絕聆聽，拒絕同床，或只要開始感覺要激動起來就離開房間或結束對話。當然，有些時間和地點是應該避免富挑戰性的狀況。好比當衝突開始惡化時，這時或許應該建議「暫停」，讓兩人可以冷靜一下再繼續。但如果你習慣性在關係裡碰到富挑戰性的議題就逃離，長期下來一定會出問題。

一般用語稱這種做法為「待在舒適圈」。不幸的是舒適圈其實沒有那麼舒適，你愈是生活其中，愈會覺得被困住，被壓垮，被生活打敗。我們應該重新稱之為「停滯圈」或「半死不活圈」。如果你希望關係能成長，能愈來

愈好，就必須真正進入許多富挑戰性的狀況，保留空間給隨之產生的艱難感受。如果你總是避開這些狀況，你的關係注定會陷入一灘死水。

所以總體而言，逃避對關係是不好的。當然，適度的逃避無妨。但一方或雙方愈是倚賴逃避，愈容易製造出更多問題。

◎ 陷在自己腦中的世界

腦子很聒噪，會告訴我們很多有用又重要的事，但更多的是沒有幫助、不重要的內容。想像你雇用一個抄寫員寫下你腦中接下來二十四小時浮現的每一樣思緒：其中有多少值得再讀一遍？如果你的腦子和我的有一點相似，肯定很少！

想到伴侶時，我們的腦子通常很容易抱怨。它很樂於指出伴侶說錯或做錯的千百件事。我們的腦子最愛的莫過於帶我們回到過去，重播所有的吵架、爭執、委屈；重溫我們每一次的受傷和失望；打開所有的舊傷口讓它再次流血。有時候也會帶我們回到美好的舊時光，然後嘲弄那都已經結束了。或者它會帶我們前進未來，看看若繼續留在關係裡我們的人生會多悲慘，或離開後人生會多麼美好。

如果你知道如何有效處理你的腦子，這一切都不成問題。問題是我們多數人都不知道怎麼做到。我們的預設狀態就是困在腦子裡：全神貫注在那裡，把它看得很認真，相信它說的每句話，言聽計從。當你困在腦子裡，你會迷失在自己的思想迷霧中。霧愈濃，伴侶愈是面貌模糊，直到你幾乎無法透過你自己的評斷、批評、委屈看清對方。當然，當你看不清楚時，就無法採取有效的行動。

當你困在腦子裡，你與伴侶的連結變差，同時又很容易直覺反應。你因為太糾結在自己的思緒裡而無法真正與伴侶連結，又因為陷入自動化反應模式而無法很有彈性地回應伴侶，你會聽信腦子說的每件事而衝動反應。可以想見這會造成各種問題。

◎ 忽略價值觀

價值觀是你內心深處對自己在短短的人世間要成為怎樣的人、代表怎樣的意義的渴望。當我請案主深入探究他們的價值觀，告訴我他們希望自己成為哪一種理想中的伴侶，得到的答案通常是有愛心、和善、關懷、慷慨、疼惜、支持、喜歡享受生活、隨和、感性、深情等等。反之，**從來沒有人**提出下列的形容詞：侵略性、敵意、繃著臉、嘮叨、情緒化、好辯、難搞、不值得信賴、愛操控、說謊、具威脅性、冷淡、嚴苛、疏離。

所以請你問自己這個問題：當你的關係開始「出問題」，你開始對伴侶不滿，你的行為屬於上述兩大類的哪一類？多數人屬於（從來沒想要成為的）第二類。當你開始不開心時，一不小心就會把價值觀拋到窗外——然後你不再是你希望成為的那種伴侶，而會連結變差，陷入直覺反應模式，陷在自己腦中的世界。

所以，下面五種基本過程會讓關係裡的愛和活力耗損：連結變差、直覺反應、逃避、深陷自己腦中的世界、忽略你的價值觀。為了讓你更清楚這幾點，請拿出你的日記，寫下關係中讓愛和活力耗損的紀錄。一定要先找出你自己身上的這些作為——然後再從伴侶身上尋找。這一點很重要，因為我們很善於看出伴侶的缺點，對自己的缺點卻往往很盲目。（切記：如果你需要幫助，可以在 https://www.actmindfully.com.au 免費資源部分下載練習單。）繼續閱讀的過程中，隨時注意關係的耗損——以及你促使關係被耗損的所有方式。

■ 和伴侶一起練習 ■

之後的各章多數附有一節「如果伴侶有意願」，建議你和伴侶一起做裡面的練習。請注意標題有「意願」二字。若是心不甘情不願、懷著不滿、要做不做的，練習就沒有意義了。除非兩人都有意願為了營造更好的關係而練

習，否則必然會造成反效果。

　　練習時請不要指責或批評。這是很好的機會，可以讓兩人誠實地好好檢視關係裡有什麼問題：探討兩人如何促成問題的發生，可以如何改善。如果有任何練習開始變成吵架或爭執，就應立刻停止，休息一下，稍後再試一次，但前提是兩人都要有意願。討論練習時，到公園走走或去喝杯飲料通常很有幫助。換個環境會讓兩人都比較容易聆聽對方而不會產生負面反應。下面是第一個練習。

■ 如果伴侶有意願 ■

　　這個練習的目的是從指責、評斷、批評轉移開，檢視你自己如何促成兩人關係裡的問題。

■ 練習：關係中的耗損因子 ■

・兩人都寫下你們做了哪些事讓關係中的活力逐漸耗損。
・撥出時間（最好是 20、30 分鐘）開誠佈公地討論。

　　我們很快就會開始探討如何運用 ACT 的原則扭轉關係的耗損因子。但首先你必須回答一個重要的問題：我應該留下或離開？

第二部

做出承諾

第 03 章
我應該留下或 離開 ？

我必須離開這段關係。

你是否曾經有這樣的想法？我也有，我太太也有，我的每個朋友、同事和家人幾乎都有過。這是因為我周遭是一群不正常的怪胎嗎？完全不是。事實是幾乎每個人有時候都有這樣的念頭。當你和伴侶的關係變得非常艱難時，腦子裡自然會浮現這樣的想法。這完全正常，事實上，如果你考量人腦的演化，就會發現這很合理。

請想想看：我們的同類——矮小無毛的猿類——要與那麼多比我們更快速、更強壯、更致命的動物直接競爭，如何能統治地球？這是因為人類的大腦具有解決問題的非凡能力。人類遠古祖先的原始大腦不斷想辦法解決生存的問題：如何取得食物和水，如何找到遮風避雨的地方，如何保護自己不被敵人和野生動物傷害。一代一代繁衍下來，人類的大腦不斷演化，變得愈來愈精密，最後變成今日這極其複雜、專門解決問題的機器。

因此，每當你的大腦遭遇什麼問題，立刻就會尋找解決方法。碰到痛苦、艱難、具威脅性的狀況，一個完全合理的解決方法就是離開現場！無怪乎我們會想要離婚或分開。問題是你的大腦想出的解決方法未必都很明智。舉例來說，想想看有多少次別人對待你的方式真的讓你氣瘋了，你的大腦告訴你最好的解決方法就是怒罵、羞辱對方，甚至打人。想想看如果你真的聽

從建議，會給你自己（和別人）帶來多少麻煩和壓力。想想如果我們全都自動遵循大腦給我們的每個建議，這世界會變成什麼樣子。

■ 面對關係的兩難 ■

當然，在很多種麻煩的狀況下，離開確實是最好的辦法——好比當房子著火時！但關係很少這麼一清二楚，很多人會為了不知該留或該走而陷入掙扎。有時候甚至會耗費很多時間困在大腦裡，無止盡地和自己爭辯：一次又一次仔細思考留下或離開的好處和壞處。問題是這麼做很沒有建設性。當你陷在自己的思緒裡，徒勞地在腦中重複爭辯那個最重要的問題，等於平白浪費許多時間，錯失人生許多美好的事物。

如果你的關係不太好，花點時間考量留下或離開的優缺點當然很重要；但日思夜想只會讓你緊張焦慮，無助於做出明確的決定。記住這一點或許對你有幫助：面對任何有問題的關係，基本上有四種處理方法。

選項 1：離開

選項 2：留下來改變可以改變的事

選項 3：留下來接受無法改變的事

選項 4：留下來，放棄，做那些會讓情況惡化的事

接下來我們就來一一檢視。

◎ 選項 1：離開

如果你離開，你的整體生活品質會比留下更好嗎？考量你的現況——你的收入、居住地、婚姻狀態、子女（或沒有子女）、家庭與社會網絡、年齡、健康、宗教信仰等等——長期而言，你的健康和活力會因為離開而更好嗎？當然你永遠無法確切知道，但可以依據到目前為止發生的事做出合理的預測。

我希望你在認真考慮這個選項之前，先嘗試本書介紹的一切方法——

真正全心全意努力經營你們的關係。（當然有少數情況例外，好比伴侶會讓你或孩子陷入實質的危險，但請記住本書不擬探討這類嚴重的問題。）如果你已盡力而為，最後終究選擇離開，至少你知道自己已盡最大努力經營過。（若是如此，附錄探討如何在離開時將傷害減到最低。我希望你永遠不必讀到那一章。）

◎ 選項 2：留下來改變可以改變的事

如果你選擇留在關係裡，第一步是改變任何可能可以改變的事。無論是哪一種情況，你最能掌控的都是你自己的作為。因此你要把心力放在能讓情況產生最大改善的行動上。你不能控制伴侶的行為，你只能控制自己的。你能做的事包括改善你的溝通技巧，雇用保母讓你們可以更常出去，更自信自我肯定（想要什麼開口要，不想要的也會拒絕），或更能疼惜、深情、接納對方等。

記住，我們談到行動時，不是一般的意思。ACT 鼓勵的是依循價值觀的行動，如同上一章提到的，價值觀指的是你內心深處希望在短短的一生中成為怎樣的人，代表怎樣的意義。當你的行動是由你的核心價值所引導，這與你和伴侶連結變差、直覺反應、逃避、陷在腦中的世界時所採取的行動會有很大的不同。

◎ 選項 3：留下來接受無法改變的事

假設你採取所有可能的行動來改善關係，確實已沒有什麼可以做了，關係依舊非常艱難而你依舊選擇和伴侶在一起。如果這是你的選擇，那麼就應該開始練習接受。你將必須保留空間給那些痛苦的感受，放下評斷、敵意、絕望或自毀式的想法，意識到自己在煩惱擔憂。你將必須把自己拉出認知糾結的泥淖，回歸生活軌道。你要擁抱你的價值觀，活在當下，即使面對重重挑戰，也決定活出最豐富的人生。

練習時，選項 2 和 3 通常同時發生：你會採取行動改善現況，同時也接受無法控制的事。

◎ 選項 4：留下來做那些會讓情況惡化的事

有些人會留在有問題的關係裡，但並沒有竭盡所能改善關係，也不練習接受。而是擔憂、煩惱、左思右想、分析個沒完沒了、抱怨給別人聽、執著不放、責怪自己或伴侶；變得冷淡退縮、充滿敵意和批判，或憂鬱，甚至有自殺傾向。或者想要讓自己感覺好一些而去嗑藥、酗酒、抽煙、吃垃圾食物、坐在電視機前發呆、上網、賭博、外遇、購物等等。長期下來這些策略終究會耗盡你的生命力。如果你選擇第四種做法，人生注定會吃更多苦。

■ 延遲決定 ■

每當你陷入「該走或該留」的兩難，都可以思考這四種選項，如此你會知道你永遠有選擇。如果你一貫選擇第四種因應方式，這個建議可能會讓你感到苦惱，因為會迫使你承擔責任。你甚至可能會堅持說：「這不是我的**選擇**，我也沒辦法。」如果這是你現在的感覺，請不要覺得被冒犯或停止閱讀。隨著繼續讀下去，培養出心理彈性，你會逐漸明白，你確實**可以**選擇如何因應關係中的挑戰。你**可以**選擇有助提升生命品質而非減損生命價值的做法。

你一定要認清一個事實，當你面對「留下或離開」的兩難時，你沒有辦法**不選擇**。你可以選擇坐在籬笆上，或從籬笆下來到其中一邊。坐在籬笆上一會兒沒關係，但沒多久就會痛得不得了。如果你坐得夠久，到最後籬笆終會倒塌，坐在上面的你也會一起跌下來！選擇 1-3 都得下來。選擇 4 就像即使籬樁已經刺進肉裡，讓你痛苦不堪，依然頑固地留在上面。

所以你只有四個選項，問題是，你可以做出怎樣的承諾？這是我們接下

來要探討的。

■ 你有多大的決心？ ■

　　請誠實回答一個問題：請以 0－10 分為準，回答你有多大意願改善你們的關係，0 分代表「完全沒有意願」，10 分代表「有意願去做任何能做的」。

　　如果你的分數很高，太好了！這是好的開始。如果分數很低，那就誠實地檢視你的狀況。你真的要繼續坐在籬笆上，直到籬椿刺進肉裡？或者你已經體認到這個選擇多麼沒有意義？

◎ 如果你選擇選項4

　　此刻即使痛苦，你也必須誠實面對自己。如果你沒有意願努力改善關係，等於就是選擇第四選項：留下來，放棄，做那些會讓情況惡化的事。如果這是你此刻的狀況，先停止幾天再繼續閱讀。接下來每一天都要注意下面幾件事，記錄在日記或下載的練習單：

- ・注意「放棄」對你的健康和生命力有什麼影響。
- ・注意選擇「放棄」讓你付出什麼代價──就情緒的痛苦、浪費的時間、金錢、精力及對關係的進一步傷害而言，你付出了多少代價。
- ・注意你是否採取任何可改善關係或提升自身福祉與生命力的行動。

　　假設你決心要做一點努力，下一步就是考慮一個問題……真的是一個巴掌拍不響嗎？

第二部

第 04 章
真的是一個巴掌
拍不響？

　　有可能這不是你第一次閱讀如何改善關係的書，有可能你以前讀過的一些內容對你有幫助——至少短期有用。那些書和文章可能提供寶貴的見解，幫助你了解你的問題怎麼產生的，還提供處理衝突、改善溝通、增進親密的實用建議。但你可能發現，長期下來其實沒有多少改變。你很快又回復舊習慣，同樣的老問題又冒出來，那些溝通技巧在現實生活中就是不像書中所寫的那麼有效，對嗎？

　　個人經驗讓我對這一切太熟悉了。我很熱中購買自助書籍——從來沒有想到有一天我也會寫一本——我自己就經歷過這些循環，一遍又一遍。很多探討關係的書籍與文章強烈聚焦在能力和技巧上，例如：

・透過有效的協商、溝通、自信和解決衝突的技巧影響你的伴侶。
・發展出某些儀式與活動，培養感情、熱情、生活樂趣、感官樂趣、性感、親密等等。
・了解你和伴侶的差異，以及這些差異如何因兩人的背景不同而產生。

　　這一切都很重要很實用，我們在本書中當然都會提到。但請注意，這些主題都把焦點放在你無法直接掌控的生活領域。舉例來說，即使你學會了

地球上所有可以影響伴侶行為的技能，那依舊不是你能控制的。很抱歉，沒有人能保證伴侶會依照你希望的方式，回應你那高明的溝通、自信和協商技巧。同樣的道理，創造儀式和培養共同的活動對健康的關係很重要，但這同樣需要伴侶合作，因此也不是你能直接掌控的。所以說，當你要和伴侶探討這個很重要的問題，你會發現只有兩種結果：對方合作，或不合作。你沒辦法強迫他合作，只能請求。同樣很重要的最後一點，了解彼此的差異很有用：可以提升你的自我覺察，幫助你了解伴侶為什麼會那樣。但這同樣是把焦點放在你無法控制的事；你無法改變兩人的差異，無法改變導致這些差異的過往人生。那就和了解天氣一樣：不論你對起源和運作方式有多深入的了解，你都無法控制天氣，只能控制你的反應方式。

　　所以這些重要的話題在本書雖然都會探討，但不會是首要主題。ACT 的目標是幫助你創造生命最大的價值。當你學會專注在你能掌控的事，你會體驗到更強烈的自主感和滿足感。反之，你愈是專注在你無法掌控的事，愈會感到無力、不滿足、失望。人生就是如此，只是我們都太容易忘記了，所以我要在本書裡一再提醒你。

　　本書的大部分篇幅會探討下列主題：

- 如何停止做那些會讓關係惡化的事
- 如何釐清與實踐你的價值觀，讓自己更貼近你心目中理想伴侶的樣子
- 如何接受你無法控制的事
- 如何有效處理任何關係中都必然會發生的痛苦感受和高壓思緒。

　　請注意，這些都是你可以直接控制的事。不論伴侶做什麼，你都可以選擇不再表現出會讓關係耗損的行為。不論伴侶做什麼，你都可以選擇更像你理想中的伴侶。你可以選擇接受你無法控制的事，不要一直去想或陷入糾結，讓自己和兩人的關係喪失活力。一旦你學會有效處理關係帶來的壓力和

痛苦，碰到（一定會發生的）艱難時刻，你就能選擇如何因應！

　　你可能會發現這裡面的一大弔詭：當你聚焦在你能直接控制的領域，通常會發現不必你提出要求，伴侶就會開始自發做出正向的改變。當然，沒有人能保證一定會發生這件事，但確實常常如此。仔細想想這完全合理。想像你花很多時間相處的人一天到晚抱怨、批評、挑剔、指出問題、心心念念在關係中的困難處。突然之間他改變了，變成容易相處得多，變得開放、熱情、隨和、願意放下歧見。面對這樣的伴侶，你對他的方式難道不會也開始改變？你的行為不會有正向的改變嗎？

　　當然，這並不表示要讓伴侶把你踩在腳下或可以為所欲為。要讓關係維持健康有意義，施與受必須維持均衡。關係要能提升到最高境界，最好是兩人都能努力落實本章介紹的做法。這麼說來，確實是一個巴掌拍不響。但如果你自己把舞步練好，下次與伴侶共舞時，兩人跳起來會更流暢。

■ 面對現實 ■

　　現在應該面對現實了：沒有兩個伴侶會做同等的改變，幾乎總是其中一人比較有動機。如果你無法接受這個事實，恐怕會變成另一個問題，讓你又陷入窠臼。

　　我聽到你說：「全部都很有道理，但如果辛苦的事都是我在做，他一點都不肯出力，那要怎麼辦？」如果是這樣，你的關係還是有可能改善，但要發揮全部的潛力，顯然還有很長的路要走。所以如果最後是這樣，你將必須做一個艱難的選擇：留下或離開。但如果這時候你真的選擇離開，至少你知道自己很努力的試過了。此外，你會體驗到寶貴的個人成長，發展出一些將來對你的其他關係很有幫助的技能——不論是和你的朋友、家人、同事或未來的伴侶很有幫助的技能。反之，如果你們兩人都沒有努力，你們的關係必然會每況愈下。

■ 未來如何發展？■

如果你繼續讀下去，我想此刻你確實承諾會做一些努力。因此，本書剩餘的篇幅主要把重點放在……LOVE。是的——你猜對了——這是另一組縮寫字。

L－放下（Letting go）

O－打開心扉（Opening up）

V－依循價值觀（Valuing）

E－用心投入（Engaging）

接下就讓我們更詳細地一一探討。

◎ 放下

前面提到讓關係耗損的一個元素是深陷腦中的世界，放下就是離開那個狀態的逃生出口。你的大腦就像說故事大師，說個不停。那些故事通常叫做「思緒」。有些思緒或故事明顯是真的——所謂「事實」，但大腦告訴你的多數故事是意見、評價、信念、假設、態度、幻想、念頭、觀念、模型與解讀。這些故事無法歸類為真或假，只是反應你看世界的方式。你的大腦會很努力讓你沉浸在這些「故事」裡，會重揭過往的痛苦回憶，想到未來可能發生的恐怖狀況，指出伴侶的所有缺點和弱點，抱怨、評價、比較、批評，或是喋喋不休訴說第一章的那些愛的迷思。如果你緊抓著那些故事不放，你會被拖下黑暗潮濕的深淵。**放下**是指輕輕握著不要再抓著這些故事。ACT 會告訴你如何放下不滿、自以為是、指責、擔憂、評價、批評、要求。當你培養了這份能力，面對關係中持續出現的挑戰，你會發現你的因應能力提升很多。

◎ 打開心扉

親密關係不免會產生痛苦，這時候我們自然會想要盡一切能力去除或逃避那些感受。**打開心扉**與逃避恰恰相反。當你學會打開心扉，保留空間給這些感受，你會發現你受到的衝擊和影響低很多，不再感到精疲力竭或難以負荷，你也不再像傀儡一樣被操控。

我們感到很痛苦時往往就會封閉起來。我們會對伴侶關閉心門，為了自我保護豎立起高牆。但這只是另一種形式的逃避。如果我們希望關係能美滿，遲早必須拆掉兩人之間的阻隔。當你開始拆牆，你會感受自己很脆弱，很可能會感到焦慮、擔憂、沒有安全感，或懷疑：**如果我再次受傷怎麼辦**？過去可能是這些感受拉住你，讓你無法做出必要的改變來重建關係，但當你能打開心扉接受這些感受，它就無法再拉住你了。另外還有一個很大的額外好處：你愈是敞開心胸，保留空間給自己的感受，便愈能以同樣的態度面對伴侶的感受。如果你希望擁有深刻而親密的關係，這很重要。

◎ 依循價值觀

ACT 所說的依循價值觀是指「在價值觀的引導下採取行動」。ACT 能幫助你釐清價值觀，讓你受到鼓舞或激勵而採取行動。當你有意識地依循價值觀採取行動，表現出來的行為會很不同於不假思索的直覺反應。本書特別把重心放在對健康的關係非常重要的三項核心價值觀：關懷、扶持和連結。當然還有其他很多價值觀，但這三項特別重要。

◎ 用心投入

用心投入是指心理上專注當下（而不是陷在自己腦中的世界），抱著真誠的興趣和開放的心態專注在伴侶身上。你們愈是用心投入彼此的互動，愈會感受到強烈而深刻的連結感——不論是吃頓飯、聊聊天或做愛。用心投入是指你轉向伴侶，全神貫注在他身上，而不會輕忽或轉身走開。用心互動與

連結變差或逃避恰恰相反。

■ 這就是愛嗎？ ■

　　LOVE 不只是縮寫字：我們在思考「愛」時，這是很有用的角度。如果你把愛想成不斷放下、打開心扉、依循價值觀、用心投入的過程，愛永遠唾手可得——即使一時之間感受不到愛。從這個意義來說，你真的可以擁有永恆的愛。但如果你把愛想成只是情緒或感受，那麼愛永遠無法持久，因為感受和情緒不斷在改變。

　　練習 LOVE——放下、打開心扉、依循價值觀、用心投入——能幫助你放下與伴侶的角力，解決你們的衝突，調和你們的歧見，深化關懷、親近和連結的能力。但心態一定要務實，這不是魔法棒，一揮就能神奇地解決所有問題。所有夫妻關係都會存在衝突和緊張，這是人性。這種時候若能記住你們都受了傷，對兩人的關係都會很有幫助。

第三部

創造
幸福

第 05 章
你們倆都受傷了

你有沒有看過電影裡主角被直拳打在臉上的畫面？恐怖的慢動作特寫，汗水和血液四散噴濺？你有沒有注意到你會皺眉、退縮或轉頭，即使明知那只是電影？即使你知道那是假的，還是無法不在某種層次上感同身受。多麼諷刺，我們這麼容易體會虛構的電影人物不存在的痛苦，卻往往完全遺忘了所愛的人承受了多麼真實的痛？

人類是社會性的動物。我們多數人的心理都很類似，都希望被愛被尊重被關懷，希望和別人關係融洽，基本上能相處愉快。當我們和所愛的人吵架或是排拒、疏離他們，感覺是很糟糕的。如果是所愛的人和我們吵架或是排拒、疏離我們，感覺就更糟了。所以當你和伴侶吵架時，你們兩人都會受傷。

伴侶也許沒有對你顯露出他的痛，也許只是發怒或衝出門，或靜靜地打開電視開始喝酒，但內心深處他就像你一樣受傷。伴侶也許會拒絕和你說話，也許會以尖刻的語調批評你，或跑去找朋友，但內心深處他就像你一樣受傷。體認和記住這一點真的很重要。我們往往太沉浸在自己的痛苦裡，輕易就忘記伴侶和我們在同一艘船上。

假設伴侶內心深處對於被拋棄懷著根深柢固的恐懼：害怕你會為了「更好」的對象離開他，或者擔憂被困住、被控制或「窒息」。那麼當你們吵架

時，這些恐懼會在內心翻騰，他們可能自己都沒有察覺到，因為這些恐懼很快被指責或不滿掩蓋。或假設伴侶內心深處覺得自己非常沒有價值：覺得自己不夠格，不值得被愛，不夠好。這種感覺本身就是痛苦的，但內在有這種感覺的人，表現出來的行為常會讓關係緊張。伴侶可能會不斷尋求認可，要求肯定他的成就或貢獻，要一再確定你會愛他欣賞他，或很容易忌妒，佔有慾很強。如果你的反應是沮喪、輕視、批評、不耐煩或覺得無趣，便會強化他根深柢固的無價值感，這又會引發更大的痛苦。

■ 關係如何開始的？ ■

　　體認兩人都深陷痛苦是朝著重建關係邁出一大步。所以當夫妻來找我諮商時，我在第一次會談中會運用一個遊說的小技巧。我會說類似這樣的話：「你們來這裡顯然是要談關係裡的問題，尋求解決辦法，但在那之前我想要稍微了解一下你們是怎麼認識的，在問題出現之前你們的關係如何。」然後，我請兩人分別回答下列問題：

- 你們第一次見面的情形。
- 除了外貌，對方讓你覺得最有吸引力的地方。
- 你最欣賞對方何種個人特質？
- 你最喜歡一起做什麼事？
- 伴侶做什麼事時會讓你覺得特別愉快？
- 描述你們共度過的某個最愉快的日子。當時你們在哪裡？做什麼？兩人如何互動？對彼此說了什麼，做了什麼？你們的身體語言呢？
- 關係初期最讓你想念的是什麼？
- 你認為伴侶最大的長處是什麼？

這是刻意安排的策略。兩人來找我時都處於衝突緊張的狀態，滿腦子都是伴侶的種種不是，因為太受傷而可能遺忘了最初將兩人吸引在一起的許多事。這些問題可以暫時讓他們想起一些較溫暖，較溫柔的想法、感覺和回憶。他們開始回答時，你會明顯看到兩人變得比較放鬆。不再咬緊牙關，緊皺眉頭，能夠仰靠椅背，臉部線條也變得柔和起來。兩人不再怒目相向或刻意轉開，而會開始望著對方，聆聽對方說話。兩人或其中一人甚至會微笑或眼眶含淚。看到這樣的景象讓人覺得很感動，代表他們自然而然重新找到連結感。

　　可嘆的是，並不是每次都會發生這種情況。有時候一方會以無助改善關係的方式回答：「我記不得了。」「我不知道我們在一起是否真的開心過。」「我們在一起從來沒有開心過，就連結婚日都在吵架。」有時候一人熱情歡喜說著，另一人卻呆看前方，完全不感興趣；或是嗤之以鼻；或明顯露出覺得無趣的表情。這些簡單的問題和他們的回答提供很豐富的資訊。

　　那麼現在就請你花點時間回答這些問題。請翻回前面幾頁，安靜思索幾分鐘。最好將答案寫在日記或下載的練習單，同時留意你的感受：

- 你能否感受到對伴侶的任何熱情或讚賞？或者眼中的他只是負擔、阻礙或麻煩？
- 當你花點心思想想對方的長處和正向特質時，會發生什麼事？你眼中的他有任何不同嗎？
- 你是否因為太聚焦在他的缺點和弱點，很難承認他的正向特質？

　　你的回答可以提供很重要的資訊。如果你無法感受到你對伴侶的任何熱情、溫柔、欣賞，你可能非常痛苦，你的熱情和喜愛被層層的不滿、受傷、憤怒、恐懼、失望掩蓋。若是如此，別太勉強自己。過度怪罪自己只會更加痛苦。你不妨先停下來承認你受了傷。對自己說一些和善關懷的話：就像你

最好的朋友和你一樣痛苦時你會對他說的話。

　　反之，如果這個練習確實讓你重新感受到對伴侶的熱情和溫柔，你要體會那是什麼感受。當你能夠從正向的角度看待伴侶（而不是看到「需要解決的問題」），那是什麼感受？

■ 往前看 ■

　　第一次會談中，我接下來會問兩人為什麼來，希望達到什麼目標，認為關係中的主要問題是什麼。我請他們盡可能不帶評價地敘述問題——好比可以說「我對乾淨的標準比他高很多」而不要說「他是邋遢鬼」。開始使用事實敘述而不是嚴厲的評價是很重要的第一步。這對我們多數人都不是自然而然就會的，我常常必須介入。下面是胡安和克蕾兒第一次會談時的狀況：

> **胡安**：她超級會嘮叨。
>
> **羅斯**：你的意思是？
>
> **胡安**：她老是挑我的毛病，要我做這個、做那個，然後再做那個。
>
> **羅斯**：她要求你做什麼？
>
> **胡安**：大部分是打掃，收拾和打掃，那類討厭的事。
>
> **羅斯**：所以克蕾兒常一再要求你收拾和打掃？
>
> **胡安**：你說對了。

　　請注意我如何提示胡安捨棄對克蕾兒的性格做嚴厲、負面的評價——「她超級會嘮叨」，改為不帶評價地敘述她的行為——「所以克蕾兒常一再要求你收拾和打掃？」培養不帶評價的敘述能力很重要。為什麼？你會喜歡別人以嚴厲的評價詞彙謀殺你的人格嗎？好比難搞、嘮叨、邋遢、懶惰、笨、自私、惡劣、魯蛇、沒用？你愈是透過嚴厲負面的評斷看待伴侶，就愈

容易忽略他的本質。那個你曾經欣賞的人會消失不見，隱藏在重重責難的後面。所以你若能以較少評價的方式敘述，會得到很大的收穫。

　　另一件事也很重要：一人說話時，我會請另一人非常專注地聆聽。我說：「在這種情況下聆聽很困難，因為沒有人喜歡被批評。如果你和多數人有些許相似，你會想要插嘴抗議或為自己辯護，或表達你的觀點，或提出你的抱怨及批評來反擊。但你可能很清楚這樣的回應很沒有幫助，對吧？」這時候他們通常會表示同意。如果他們似乎有些不確定，我會問：「當你那樣回應時通常會發生什麼事？」答案大抵是：「結果就只是吵得更兇，什麼問題都沒有解決。」

　　我說：「那麼我們何不把握這個機會，學習以新的方式回應伴侶：以開放好奇的態度（而不是表現敵意或無趣）真正用心聆聽？」換句話說，我是在請他們練習正念。專注聆聽與不帶批判的敘述都有助於創造安全的空間，讓兩人可以開始敞開心胸，更無拘束地談談他們的難處。當兩人各自敘述他自己的故事時，我會一再提出類似這樣的問題：「當她這樣對你說話時，你有什麼感受？」或「當他說要做某件事卻沒有做到，妳是什麼感受？」或說：「當她那樣衝出去，你有什麼感受？」這是為了幫助他們體認兩人都在受傷。下面節錄胡安和克蕾兒的對話來說明這一點：

羅　斯：聽到胡安說妳「嘮叨」或「難搞」，妳是什麼感覺？

克蕾兒：憤怒。

羅　斯：憤怒？

克蕾兒：對！他憑什麼這樣對我說話！（脹紅臉，手臂交叉，聲音很大。氣呼呼地朝胡安看一眼，他低頭看腳。）

羅　斯：我在想，克蕾兒，當一個人憤怒或生氣時，如果我們再深入挖掘，幾乎總會發現憤怒的背後還有別的，通常是很痛苦的東西。我在想妳是否能再想一想，看妳是不是這樣。試試看妳能

否深呼吸幾次，就好像將氣吸入憤怒的所在──看看背後是否有另一種感覺，更痛苦的感覺。

克蕾兒：（眼睛含淚，聲音顫抖）我覺得他恨我。

羅　斯：那是什麼感受？感覺妳愛的人恨妳？

克蕾兒：糟透了。

羅　斯：（轉向胡安）胡安，你是要讓克蕾兒有這樣的感覺嗎？

胡　安：絕對不是。（他用力搖頭。）不可能。（他費力喘氣，臉部變柔和，淚水湧現眼眶。他看著克蕾兒，很溫柔地說話，聲音有些哽咽。）我當然不恨妳，我愛妳。

　　這裡發生什麼事了？克蕾兒勇敢地打開心扉，暴露她的脆弱，和胡安分享她的痛苦，這與她平常的回應很不一樣。平常她只會讓胡安看到她憤怒的外在，他則會回報以防衛和批評。這會讓克蕾兒更生氣，從而陷入惡性循環。但當克蕾兒打開心扉，讓胡安看到她多麼受傷，他的反應也大不相同。他開始疼惜她：體認到她是那麼痛苦，他要解除她的痛苦。於是他不再抨擊或退縮，而是主動要安慰她。

　　當你陷在自己腦中的世界時，很容易忘記伴侶也受了傷。你陷入憤怒、不滿和自以為是的心態，沉浸在這樣的念頭：**這一切太困難了，不應該這麼難的！他為什麼不願停止批評我？**你完全專注在伴侶出錯的地方，或者你極度不滿他這樣對待你，根本忘了他也是有感覺的人。你忘了他進入這段關係的理由和你完全一樣：是為了愛人與被愛，關懷人與被關懷，為了與另一個人分享人生，讓生命更美好更豐富。你們兩人進入這段關係都不是為了要互相吵架、爭執、鬥嘴、指責、評價、傷害、排拒。所以如果你受傷了，可以肯定伴侶也受了傷。當你開始體認到兩人同在一條船上，都因為關係變得和原本希望的大不相同而受傷，便可能做出不同的反應：帶著和善和關懷，而不是不滿和排拒。你不必是諾貝爾獎得主，也會知道哪一種做法對關係比較健康。

你可以這麼做：

1. 花幾分鐘寫下你們關係中的主要問題。目標是採取不帶評價的敘述，不要帶著嚴厲的評價和批評。例如你可以寫：「葛雷不常幫忙做家事」，而不要寫「葛雷是個懶惰的渾蛋。」剛開始不太容易，所以不要太苛責自己。每當你注意到自己無意間寫出嚴厲的評價，心裡知道就好了。默默告訴自己：「啊哈！你又在評價了！」或「這是評價！」，然後把它劃掉，改成不帶評價的敘述。

2. 寫下你因為這些問題感受到的痛苦情緒。你陷入哪些痛苦的想法和感覺？如果你注意到的主要感覺是生氣、暴怒、不滿、怨憤、挫折，試試你能不能「更深入」探索。這些通常只是表面的情緒，在憤怒的這種表層底下，你通常會發現受傷、悲傷、愧疚、羞慚、恐懼、被拒、孤單、不夠好、無望——或不被愛、不被需要、不被感謝、被忽略之類的感覺。

3. 公開誠實地承認這段關係是痛苦的。你很難受，覺得經營關係很不容易。你進入關係時抱著各種希望，但很多都落空了。你對未來抱著各種夢想，但很多都沒有實現。你對伴侶有很多幻想都破滅了。考量你經歷的一切，會有現在的感覺非常自然。

4. 接下來是最具挑戰的部分：請花幾分鐘思考伴侶是否也在受苦。他可能從來沒有向你吐露這些，很多男人不善於談感受。（這不是因為生物差異，純粹是因為他們生長在一個沒有被教導如何談感受的文化。）這裡你可能需要運用一些想像力，想想伴侶聽到你的抱怨和批評會是什麼感受。如果他常會停止溝通，靜默不語，退縮，那是什麼感受——當一個人必須躲起來，封閉自己才能應付眼前的狀況，那是什麼感受？如果他常會滿腹憂思，一直想同樣的煩惱，重述以前的問題——重播永遠無法扭轉的事件，讓自己一次又一次受苦——他一定

很痛苦。如果他生氣大吼，想想被憤怒和不滿吞噬的感覺多麼不愉快？這裡面當然沒有一絲快樂，當他被怒火吞噬時是多麼痛苦？

你一定要花時間練習步驟四，即使既困難又讓人痛苦。過程中可能會遭遇大腦的干預，它會告訴你一些很沒有幫助的故事：**他受傷了又怎樣？那是他活該。是他自作自受，我為什麼要在乎**？當你的大腦對你說這些話，你有兩個選擇。一是完全沉浸其中，讓它控制你的行為。如果這是你的選擇，我保證會有更多的衝突和緊張。

另一個選擇是承認那些說法但不要沉浸其中——承認的意思就像你看到對街的老朋友。告訴自己：「啊哈！我知道這則老故事，以前就聽過了。」然後花點時間思考：「如果我深深沉浸在這則故事裡，讓它吞噬我，會發生什麼事？」問問自己：「如果我將全部的注意力放在這則故事，讓它決定我的作為，有助於重建或深化我們的關係嗎？」當你這麼做的時候，就是在學習重要的正念技巧：能夠注意你的大腦在說什麼，選擇你的反應方式——是要緊緊抓住那些思緒不放，或放開手讓它去。

要從衝突走向解決問題，承認彼此的痛苦是很重要的一步。當你真正體認到你們兩人都受了傷，你會發現更容易激發關懷和疼惜的心，這兩者都是讓關係找回愛和生命力的最重要元素。

■ 如果伴侶有意願 ■

這個練習是要幫助你和伴侶明白和承認兩人都受了什麼傷，希望能幫助你們培養出對彼此的同情。

1. 兩人都要練習前面四個步驟，完成後分別讀出你們對步驟一和二的反應給對方聽。（如果不喜歡寫字，可以用說的。）

2. 伴侶說話時，練習「用心投入」。也就是專注：帶著好奇和坦誠全神貫注。注意對方的語調、臉部表情、身體語言和遣詞用字。對伴侶流露的想法、觀念或態度真正產生好奇。放下想要打斷對方、自我防衛或反擊的衝動。仔細聆聽，彷彿那是你最崇拜的人在發表偉大的演講。完全投入是你能給伴侶最寶貴的禮物之一，這麼做可以強而有力地傳遞一個訊息：「我很在乎你，你對我很重要。」但不要光聽我說的，以你自己的經驗印證。當有人這樣專注在你身上，你的感覺如何：是否覺得自己很特別？很重要？很受尊重？

3. 最後討論步驟四，看看你是否能準確猜測伴侶的感覺。你可能會很驚訝──驚訝你那麼準或那麼不準。

■ 從衝突到疼惜 ■

當你最要好的朋友、摯愛的親人、你的孩子、你的狗受苦時，你會有什麼感覺？你看到他們的痛苦，自然會想要幫他們減輕。你想要對他們好，幫他們，支持他們。這些都不需要別人教，你本能就會了。我們稱之為「疼惜」。當我們能感應到自己的疼惜，以此做為行為的依據，自然會主動善待別人。

可惜的是，當我們的伴侶痛苦時，我們卻往往未能體認這件事。或者我們視而不見，或認為那沒什麼，或更糟糕的，相信是「他活該」。這樣的反應很常見，但也很沒有幫助，無法讓關係恢復生機，只會毒害關係的發展。疼惜就是解毒的藥方。疼惜無法改變已經發生的事，但這帖良藥能夠讓傷口更快癒合。

疼惜的第一步很簡單，就是承認伴侶承受痛苦。他不是沒血沒淚的鯊魚，她也是人。就像你一樣，她也受了傷。

下一步是找出你本能的和善。這時候有一個技巧很有幫助，就是想像

伴侶是個小男孩或小女孩：難過顫抖著或正在哭泣。沒錯，伴侶的身形是成人，但內心深處有個受苦的小孩。所以請想像這個痛苦的小男孩或小女孩——看看你是否能拿出和善的念頭或感覺來對待他。

此刻你或許還無法做到，也許你受傷太重或太憤怒。這也沒關係，只需承認你現在是這樣的狀態，善待自己。

接下來幾周，每當你因為衝突而受傷，花點時間想想這一章的內容：承認你正承受痛苦——你的伴侶也是。看看你是否能感應到疼惜的感覺。

同時也要疼惜自己，你需要疼惜的程度絕不下於伴侶。當你這樣做，慢慢地你會注意到改變：感覺你的心不再封閉，逐漸打開。當你注意到這一點，好好感受，這是人生少數免費的快樂之一。

第 06 章
每個人都是控制狂

　　如果伴侶都聽你的話不是很棒嗎？如果他能讀懂你的心，知道你要什麼，照你的希望去做，人生會輕鬆很多，不是嗎？我喜歡問案主：「如果我有一根魔法棒，可以在你的伴侶頭上一揮，神奇地改變他，你想要怎樣的改變。」有時候我會得到油嘴滑舌的回應，像是：「嗯，首先要讓他長得像喬治·克隆尼！」但當他們認真考慮後，答案可就很多樣了。

　　你會如何回答呢？你希望伴侶更坦誠、有愛心、有感情嗎？更整潔、有紀律、負責任？更隨興、隨和、悠哉？或者希望某些特質**少一些**：不要那麼正經八百、嚴肅、需索、愛喝酒？或希望改善某些方面的**能力**：更會溝通、養家或愛你？

■ 如何學會控制？ ■

　　事實是我們內心深處都是控制狂，都希望得償所願。你會在「恐怖的兩歲」幼兒身上看到這種現象。這個年紀的小孩想怎樣就怎樣，無法如願時，便會哭鬧跺腳，躺在地上要賴，生悶氣，氣到喘不過氣，亂丟玩具，咬人打人拉頭髮，大吼「我討厭媽咪！」他們會利用可以想到的所有方法來控制你——不是要讓你退到一邊不要管他，就是要你提供他要的東西，好比玩具

或冰淇淋。

　　我們很早就學會這些操控的方法，而且永遠不會忘記。事實上，隨著年齡增長還會發展出更繁複的花招。我們雖然已經長大成人，內心仍然住著一個「恐怖的兩歲小孩」——仍然想要為所欲為。更不幸的是，遇到困難時，我們常會仰賴那些基本的幼兒策略。我們會大叫、發脾氣或嚴厲批評，會甩門、拍桌或冷嘲熱諷貶低別人，會哭泣、悶悶不樂、退縮或「冷戰」，或像幼兒一樣怒喊「我討厭媽咪！」我們也會說出各種傷人的話——惡意地拿對方和前伴侶比較或威脅要分手或離婚。確實有些成人甚至會丟東西或施暴。

　　所以是應該進行一點誠實的自我檢視了。請將書本放下，拿出你的日記或練習單，列出你無法得償所願時所做的每件事。列出你使用過的每一項控制策略——不論多麼讓人尷尬——從侮辱人到丟盤子，從威脅離婚到威脅打人，從哭鬧到監視行蹤到否定對方。請不要匆忙地隨便寫寫，試試看你有沒有勇氣痛苦地誠實面對自己。

　　真希望小時候周遭的成人有教導我們一個很重要的道理：人生不可能總是能讓你得償所願。但知道歸知道，並無法阻止我們嘗試，演化的結果讓我們天生就是會積極追求想要的東西。若沒有這個基本驅力，人類絕無法演化到今天的樣子。我們的祖先想要更多更好的食宿條件、用水、子孫，這個欲望驅使他們發明工具和武器，還有打獵、農耕和建築的方法。一代代下來，我們的腦子變得愈來愈精密，社會變得愈來愈進步——直到今天的樣貌。現在我們有了電腦、太空船、冰箱、手機、電視、空調、汽車、飛機、心臟移植、微波爆米花。

　　我們有了不起的能力可以形塑和改變環境，也因此創造出能控制一切的強大幻覺。嚴重到現代人不僅會強烈地追求想要的東西，還期待應該能得到。（又因為自助專家宣稱只要你有足夠的信念，所有的心願都**可以**達成，更強化了這種期待心理。）但如果我們不知道如何有效處理，這種控制欲可能造成很大的問題。

■ 我們真的能控制嗎？ ■

所以讓我們思考一下：在生活中你真的能控制的事有多少？有些事你顯然無法控制：天氣、股市、父母遺傳給你的基因。有些事比較沒有那麼明顯，如果你經營事業，你無法控制顧客或客戶是否會繼續購買你的產品和服務。當然，你可以提供優質的產品和服務來引誘他們，但他們要不要買單不是你能控制的。如果你受雇於別人也是一樣：你可以努力工作提供很好的服務，但顧客或案主滿不滿意不是你能控制的。

你可以控制你如何開車，但不能控制交通狀況。你可以控制你如何對待別人，但不能控制別人如何回應。建築師、工程師、建造商可以控制如何建造摩天大樓，但不能控制是否會因超級地震而倒塌或有飛機撞過來。

那麼你的情緒呢？你能控制你的感覺嗎？毫無疑問你一定試過了，效果如何？你是否成功活在一直都很快樂的狀態？成功消除悲傷、恐懼、憤怒、愧疚、尷尬、不滿、壓力？在某些情況下，我們確實多少能控制自己的感覺，好比當我們在安全沒有挑戰的情況，如靜坐或上放鬆課時，或是在自己的車子或臥室的舒適隱密環境聽勵志的ＣＤ。但情況愈艱難愈讓人苦惱，我們的感覺愈強烈，愈難控制。我們要面對現實，如果你能控制你的感覺，就不需要讀這本書了：不論關係裡發生什麼事，你只要讓自己感覺良好就好了，何必花力氣改善。

還有其他人呢？你能控制別人嗎？恐怕不行。即使你拿槍抵著別人的頭也無法控制他們：他們可以選擇死而不要服從你。事實上，歷史上有很多勇者就是做這樣的選擇。想想戰爭時：有些被俘虜的士兵或藏匿難民的平民，寧可被殺也不願洩漏可能讓同胞受傷的資訊。當然，如果槍抵著你的頭，確實會嚴重影響你的行為，但無法控制你。維克多‧法蘭可（Victor Frankl）是猶太精神科醫師，也是奧斯威辛集中營的倖存者，他在精彩的自傳《活出意義來》（Man's Search for Meaning）裡敘述猶太人面對納粹劊子手執行死刑的

情形，指出他們仍然能夠尊嚴地選擇赴死。這當然是極端的例子，但可以很有力地說明上述道理。

這些例子都說明同樣的基本道理：這一生你能可靠控制的只有一件事，就是你的行動。套用到兩性關係時，這一點讓人很難接受，因為我們太想要伴侶符合我們的期望。但如果我們想要建立穩固健康的關係，就得面對這個事實。

■ 練習：我如何嘗試控制伴侶 ■

我要請讀者花點時間省思你曾經嘗試控制伴侶的每一種做法，然後評估短期的效果和長期的代價。最好的做法是在日記畫出或下載如下的表格。

伴侶有哪些言行是我不喜歡的	我嘗試讓伴侶改變的每一種說法和做法	長期來看伴侶的行為改變了嗎？	長期來看我的行動是否讓關係提升或更豐富？如果沒有，我在健康、生命力、痛苦、浪費的時間、憤怒、懊悔等方面付出多少代價？

下面節錄我的一個案主填寫的表格：

| 他花太多時間躺在沙發上看電視，吃垃圾食物。 | 告訴他這是在浪費時間、罵他（沙發馬鈴薯、邋遢鬼等）、在朋友和家人面前批評他、哭泣、吼叫、他看電視時把它關掉、拿走他手上的爆米花、拿遙控器丟他、不和他說話、讓他睡沙發、告訴他他是很差勁的丈夫和父親，讓他產生罪惡感、威脅離開他。 | 沒有 | 沒有。我的做法只是造成吵架、緊張，讓我更生氣。有時候他會關掉電視──有時候甚至停止看電視幾天──但總是很不滿，氣氛總是很緊繃。我們沒有因此更拉近距離，他總是故態復萌。我浪費了太多時間和精力為這件事生氣和抱怨。 |

■ 可行性很重要 ■

　　如果你就伴侶的每一種「問題行為」填完上述表格，會發現一件事：你嘗試控制伴侶的做法有時候短期能滿足你的需求，但長期而言通常會毀了關係。這就帶引出 ACT 一個很重要的概念：所謂的「可行性」（workability）。一件事的可行性是指長期而言對於創造豐富有意義的人生有多少效果。因此，依據 ACT 理論，如果你的做法長期而言能豐富你的人生，提升你的生命力，我們會說這個做法可行。

　　我在書中會一再請你檢視你在關係中的做法，但不是從「對錯」「好壞」「應不應該」「公不公平」的角度思考，而是純粹只從「可行性」來談。也就是說，你的做法長期而言是否能創造豐富有意義的關係？在你憤怒地把這本書丟進垃圾桶之前，我要澄清一件事。我絕不是建議你應該默默忍受，讓伴侶為所欲為。那樣絕對**不是**豐富有意義的關係。關係若是豐富又充實，兩人會抱持同樣的心態：我們都是完整有價值的人，值得彼此給予尊重、關懷和體諒，我們心甘情願選擇攜手一起走人生路。

　　說得更詩意一點，如果兩個人要建立美滿的關係，兩人都必須像一座山。山本身完好無缺，但當它遇到另一座山時，彼此之間會創造出新的東西：山谷。健康的關係就像兩座高山，中間有秀麗的山谷，流經山谷的是豐沛、奔放、自由的生命之河。兩座山都不需要對方，但彼此的連結能創造出生機盎然、鬱鬱蔥蔥的山谷。

　　所以如果你心目中的伴侶是一個可以完整你、拯救你、修補你、幫助你、解決你所有問題、修補你所有的傷口、滿足你所有需求的人，或反過來，是你可以修補、拯救、像完成一項計畫一樣完整他的人，那你一定會碰到問題。山巒本身強大而完好無缺，有穩固的基礎和清楚的界線，但能夠造就豐富蒼翠的風景。抱持這種心態並不表示你會輕忽或放棄你的希望和欲望，你就和你的伴侶一樣，想要被了解、照顧、尊重、欣賞、好好對待。承

認和尊重這些欲望、希望和需求很合理，但不要把它變成絕對「必須擁有」的東西。否則你會變得需索、黏人、倚賴，或喜歡批評，要求很多。

這裡面有一大弔詭：當你學會放下想要控制伴侶的念頭，他通常會開始比較照你希望的去做。當你降低要求和控制，伴侶常會感到鬆了一口氣，也就會比較接受你的期望，較可能自發地對你好。你要明白這是沒有保證的，但正向的改變很常見。當然，你可以要求你想要的，也仍然應該這樣要求，但如果你是友善地提出要求，而不是提出嚴苛或需索的要求，你的伴侶可能會回應得更多。（你會在第十六章了解怎麼做。）

另一個額外的好處是：當你停止浪費心力在徒勞的控制策略，就可以投注心力成為**你**希望成為的伴侶。這通常很有幫助，你們的關係會變成雙人：當你變換舞步時，伴侶也會跟著變。這一點同樣無法保證。你的伴侶可能會繼續踩著同樣的步伐，頑固地一直踩你的腳。但當你記住你的價值觀，刻意以此引導你的行動，比較可能的結果是你和伴侶都會有正向的改變。第一步是⋯⋯

第 07 章
探索你的心

「可以拜託你矯正我的伴侶嗎？」

夫妻去諮商時通常是抱著這個目的。多數人閱讀關係自助書籍也是同樣的用意：「這可以幫助我弄清楚我的伴侶有什麼問題，然後我就會知道怎麼矯正他。」這種態度不太有幫助。如果你真的要營造幸福的關係，從一個地方開始努力是最有效的：就是你自己。所以現在就好好看看鏡子裡的你，包括所有的缺點。認真思考下列問題：

- 你是哪一種伴侶？
- 你希望成為哪一種伴侶？
- 你現在的行為表現和你希望成為的人之間是否有差距？

■ 找回你的價值觀 ■

價值觀是指你內心深處真正希望自己是怎樣的人，這一生想如何度過。價值觀反映出你希望這一生代表什麼意義：一貫表現出何種行為。你的價值觀是維持永恆之愛的基礎，忽略價值觀，你的關係就會像沒有地基的房子一樣崩塌。關係裡的緊繃和衝突愈嚴重，通常代表我們與真實的核心價值觀愈

沒有連結。因此本章要先把價值觀找回來。

■ 練習：你的十周年 ■

想像十年後你把所有最親近的親戚朋友都找來，齊聚慶祝你們過去十年的關係。可以是在家裡的小型私人聚會，也可以是在高級餐廳的盛大慶祝。反正只是想像，你想要怎樣都可以。

想像伴侶站起來致辭，談你們過去十年的共同生活——談你所代表的價值，你對他的意義，你在他的生命中扮演的角色。想像他說出你內心深處最想要聽的話。（這裡說的不是他實際上會說的話，而是在理想的世界裡你想要聽到他說的話。）想像他敘述你的性格、優點以及你對兩人關係的貢獻。

現在請閉上眼睛，花幾分鐘做這個練習。

這個練習讓你對自己的價值觀有多少了解？你真的表現出你希望成為的伴侶嗎？如果你常生悶氣、退縮、抱怨、失控、嘀嘀咕咕、斥責人、說出傷人或惡意的話、威脅、評斷、批評、大發雷霆——你希望被記住的是這些行為嗎？

ACT 將價值觀定義為「透過持續行動表現的美好特質。」換句話說，價值觀的重點在於你想要持續表現的行為以及表現的方式。所以價值觀就像膠水，能夠將最微小的行動與最重要的長遠目標結合起來。如果你的價值觀是關心伴侶，這個價值觀會將很多行動結合起來——包括幫他開門，生產時幫她擦拭額頭的汗水，臨終時握住她的手。如果你的價值觀是與伴侶連結，結合起來的行動包括注意聽她說話，牽手，做愛。如果你的價值觀是為伴侶付出，結合起來的行為包括分擔家事，繳貸款，支持對方轉換事業。

有一點要記住：價值觀不是你「必須做」或「應該做」什麼，而是哪些東西對你很重要很有意義。所以如果「應該」「不應該」「必須」等字眼一直冒出來，你就不是在探討價值觀，而是跨越到……

▓ 規則的領域 ▓

在適當的情境下，規則很有用。如果我們沒有規則規範開車靠哪一邊、可以開多快、開車前可以喝多少酒，恐怕會天下大亂。但太緊抓著規則不放也會有問題，我們會變得太僵化，沒有彈性，導致生活處處受限或變得空洞無意義。

有一些方法可以讓你知道你何時從價值觀跨越到規則的領域。價值觀是指敞開心胸去做真正有意義的事，因此會讓你感到輕鬆、開放、寬闊。規則通常有種沉重感，感覺是義務、責任或負擔。價值觀通常使用的詞彙是「想要」、「選擇」、「欲望」、「重視」、「重要」、「有意義」、「在乎」。規則通常使用的是「應該」、「必須」、「有必要」、「對錯」、「好壞」。

下面的例子可釐清兩者的差異：

規　則：我**必須**考量伴侶的需求。

價值觀：我**想要**考量伴侶的需求。

規　則：我**必須**定期運動，否則會變胖。

價值觀：定期運動對我很**重要**，我很**重視**維持健康和幸福。

規　則：我**應該**花時間好好陪伴伴侶，這樣做才**對**。

價值觀：花時間好好和伴侶共處是我很**在乎**的事。要建立我**想要**的關係，這是很**重要**的一部分。

規則與價值觀的這些區別很重要，理由至少有三點。第一，當你按照規則生活，你會感到受限、負擔和壓力；按照價值觀生活則會帶來輕鬆、自由和開放。第二，落實任何價值觀都有無窮的方法；規則卻會嚴重限縮你的選項。所以價值觀讓你有很多彈性；規則卻會窄化你的選擇。如果你盲目遵循規則，會變得僵化或沒有彈性。第三，很少有夫妻是價值觀相衝突的，常見

的狀況是兩人有同樣的價值觀，但關於如何落實卻有不同的規則。如果你緊抓住規則——堅持你的才是「對的」，伴侶的是「錯的」——很容易就會變成衝突的來源。當你們體認到兩人基本上有非常相似的價值觀，便能幫助你們互相接納和尊重。

試以珍妮和米契為例。珍妮年老的父母住在 300 英里外，她希望每隔三、四週去探視一次；米契覺得太頻繁，希望一年不超過兩三次。這是很好的開始，對兩人而言，解決這個問題的第一步就是體認他們有相似的價值觀。兩人都很重視和家人相處，都認為和親人維持健康的關係很重要。衝突點不是因為價值觀的差異，而是對於如何落實有不同的看法，知道兩人有同樣的價值觀就有了共同點。如此便可創造出安全的空間讓兩人協商，不需要攻擊或防衛自己的立場，也就能進行更有建設性的討論。以此為出發點，兩人都能好好檢視彼此不同的規則，思考太嚴守規則的代價，討論是否願意稍微通融。

當然，夫妻有時候**確實**有非常不同的價值觀。我們且暫時假設米契覺得花時間陪家人一點都不重要，這顯然就會讓情況麻煩很多。但如果兩人在協商這個問題時能記住他們關於關懷、和善、尊重的價值觀，結果會好很多。

■ 價值觀、依循價值觀和目標：給予人生方向 ■

價值觀就像提供方向的指南針：讓你在人生旅途中有一個引導，不會走錯路。但看著指南針想著你要去哪裡和真正踏上旅程不一樣。要踏上旅程就得開始走，因此，釐清價值觀固然重要，唯有真正落實，你的人生才會變得更好。在價值觀的引導下採取行動在 ACT 稱為**依循價值觀**（valuing）。

依循價值觀是持續的過程。那就像朝西邊走：不論走多遠，永遠沒有盡頭。目標則像你計畫在旅程中跨越的河流、高峰、低谷。所以目標可以達到或完成，依循價值觀永遠沒有終點。舉例來說，如果你希望自己有愛心、關

懷人、支持人，這是價值觀：透過持續行動表現的美好特質。當你據以採取行動，那就是依循價值觀——當你忽略它，就不是依循價值觀。但不論你是否據以採取行動，價值觀永遠在那裡，沒有完成或達到的一天，你這輩子每一天它都在那裡。反之，如果你想要結婚，這是目標——可以「從清單上劃掉」、「做到」、「完成」、「實現」。即使你完全忽略愛人和關懷人的價值觀，也可以達到結婚的目標（雖則婚姻可能不會維持太久）。

◎ 價值觀、希望、需要和欲望

價值觀不同於希望、需要和欲望。你對伴侶可能有各種希望、需要和欲望：通常包括和善、關懷、尊重、溫柔、疼惜、愛慕、親密、性和接受。知道你要從伴侶那裡得到什麼很重要，第 16、17、18 章會討論如何提高滿足希望的機會，但這不是這一章的重點。現在我們要先釐清一件事：你的需求和欲望不同於你的價值觀。價值觀是你要做什麼，要表現怎樣的行為，而不是你要從別人那裡得到什麼。說得更簡單一點，如果你做不來，那就不是價值觀。所以，得到伴侶的疼愛可能是希望、需要或欲望——但不是價值觀。反之，疼愛對方可能是價值觀——鼓勵疼愛、獎賞疼愛、創造有利疼愛的氣氛也是，這些都是你**可以做到**的持續行動。你有很好的理由要先專注你的價值觀再處理你的希望、需要和欲望：你要不要根據你的價值觀行事是你完全可以控制的，但你無法控制伴侶如何反應。因此，先專注在你能控制的事情會讓你產生自主感。如此你與伴侶協商時會對你很有利。

◎ 價值觀：你要做什麼？

等一下我會請你寫下你的價值觀，但在那之前我要先釐清一件事：你的價值觀是你**想做的事**，而不是你想要有的感受。如果你開始寫你要的感受——被愛、被珍惜、被支持、被鼓勵、被尊重、看見你的重要性、被感謝等等——那是在敘述「情緒目標」，不是價值觀。想要這些感覺很正常，我

們多數人都是如此,問題是你不太能控制是否能得到。價值觀帶給人的自主感強大很多,因為不論你的感覺如何,價值觀總是在你內心深處,你每一刻都能取用,它就像好朋友一樣,在你需要時隨時在旁邊幫助你引導你。

同時也要記住,你的價值觀與**你**有關:重點是你要代表什麼意義,你要表現何種行為。所以如果你寫的是你要伴侶給你什麼,或表現怎樣不同的行為,那是你的需要或欲望,不是價值觀。

■ 練習:你希望自己在關係裡是怎樣的人 ■

請拿出你的日記或下載的練習單,回答下列問題。如果需要協助,請再做一次(本章前面提到的)十周年練習。

- 你希望為關係帶進何種個人特質?
- 你希望運用或培養何種性格優點?
- 你想要持續表現何種行為或採取什麼行動?
- 身為伴侶,你想要代表什麼意義?
- 如果我們請你的伴侶敘述他最欣賞你的十點特質,在理想的世界裡,你最想要伴侶說什麼?

這次你有什麼發現?我希望是可以進一步釐清價值觀的發現。我的案主有時會誤解這件事,抗議道:「你是說我就應該永遠溫柔可愛,讓他踩在腳下?」

我會說:「絕對不是。我沒見過任何人內心深處想要當踩腳墊。但我見過很多人的行為像踩腳墊,而這樣絕對會使你們的關係喪失活力。要讓關係幸福美滿,你必須照顧好自己,忠於自己。」因此你的主要價值觀可能包括自我肯定:挺身為自己說話,表達你的需要,提出你的希望,必要時說不。

這不表示你要變成破門錘、大吼、堅持己見、強勢要求、批評、脅迫，直到得到你想要的。當有人開誠布公和你談他和你的關係——不論是朋友、同事、案主、父母、子女或伴侶——你希望他如何和你說話？帶著憤怒、攻擊性、敵意、嚴厲、怨氣——或帶著尊重、同情、關懷、了解和接受？

自我肯定是指以尊重且關懷自己和別人的方式維護自己的主張，照顧好自己的需求。所以如果自信是你的價值觀，寫下來。攻擊性是指以不尊重、不顧及別人的方式維護自己的權益，照顧自己的需求：就是破門錘。消極是不維護自己的權益，不照顧好自己的需求。如果你是消極的，你總是把別人的需求擺在前面，不論個人要付出什麼代價——換句話說你變成踩腳墊。你愈消極，就愈不忠於自己，愈可能感覺疲倦、衰弱、壓力、累垮、焦慮或憂鬱，長期下來對你和伴侶都會有負面的影響。所以當踩腳墊和破門錘都會讓關係喪失生命力。當你要釐清你的價值觀時，除了尊重和關懷伴侶，也別忘了自我尊重和自我關懷。

■ 「我對你錯」的故事 ■

我請案主練習釐清價值觀，有時他們會暴怒：「你為什麼聚焦在我身上？問題是**他**耶！」或說「嘿，我很滿意自己。我只是要他不要再煩我。」

我聽完他們的抗議後會心平氣和地問：「所以你是真誠告訴我，你沒有任何地方可以改進？你不可能做任何事讓自己變得更好？你已經是完美的伴侶？」

對方會尷尬地答：「不，我不是這個意思……」通常這樣就足以讓他們開始放下憤怒。但並不是每個人都可以，有的人會堅持：「我當然不完美，但還可以。需要改進的人是她，不是我！」

依據 ACT 理論，我們稱之為「我對你錯」的故事。我們都有這則故事的各種版本，有時候都會陷入其中。這可以造成很大的問題，當你確信你是對

的，另一個人是錯的，你們的關係會是如何？會是尊重、有愛、開放的嗎？或充滿緊張、衝突、對立？

　　通常我會在這時候提出可行性的概念。我會問：「這對你們的關係長期下來效果如何？如果你深信你沒問題，需要改變的是伴侶？這有助於讓關係持續改善，愈來愈美滿嗎？」如果你將伴侶看做需要**矯正**的**問題**，必然會製造出各種緊張的狀況。想想看，如果別人這樣看你，你有什麼感覺？

　　有些案主仍要爭辯，堅持說：「但這是事實。看看他做了什麼就知道了！」

　　我回答：「在這個診療晤談室我永遠不會和你爭論對錯，我們感興趣的是遠比對錯更重要的事：就是怎麼做對你們的關係最有**效果**。我只是要請你注意：當你堅信需要改變的是伴侶不是你，那麼——不論這是不是事實——這對你的態度和行為有什麼影響？又會如何影響你對待伴侶的方式？長期下來對你們的關係有幫助嗎？」

■ 以連結、關懷和扶持為基礎 ■

　　價值觀沒有「對錯」，那就像冰淇淋：你最喜歡的口味可能是楓糖核桃、巧克力片或樹莓漩渦。這沒有對錯，喜歡就是喜歡。如果薄荷是你最喜歡的口味，沒有必要合理化、解釋或辯護。同樣的，你的價值觀就是你的價值觀，事實就是如此，永遠不需要辯護或合理化。（當然，社會對於你如何依循你的價值觀行事會有一套評斷對錯或好壞的規則，這些規則稱為「倫理」、「道德」或「行為準則」。社會也會評斷某些價值觀優於別的價值觀，稱之為「美德」。）

　　價值觀雖沒有對錯，但有些價值觀似乎是建立豐富、充實、有意義的關係不可缺少的——如接受、疼惜、關懷、連結、扶持、公平、和善、尊重、開放、誠實、正直、信任。這裡列出的當然不是全部，你還可以增添很多價

值觀。但你也可以簡化這份清單，刪減到構成任何相愛關係基礎的三項核心價值觀：連結、關懷和扶持。如果與伴侶建立深刻、親密、充分的連結對你很重要；如果你真的在乎伴侶的感受、快樂和生命活力；如果你真的希望對伴侶的健康、福祉和生活品質有貢獻，通常就會自然抱持上述清單的其他所有價值觀。

關懷、連結和扶持是愛、熱情、親密的基礎，如果在這幾個方面沒有依循價值觀，你的關係恐怕不會改善，反而會愈來愈萎縮。當然，不同的人會用不同的語言來表達自己，下面的例子可以激勵你開始思考：

連結：我要和伴侶保持親密親近。我要對他坦誠，分享我的想法和感覺。我要卸下偽裝，讓他了解真正的我。我要和他建立連結和親密。我要對他感興趣，和他一起享受歡樂。我要看見他，也讓他看見我。

關懷：我要在伴侶身邊支持他、幫助他；我要讓他明白他對我很重要。我要以愛、和善、疼惜待他，我要更加接受他、寬恕他，我要表現友善、溫暖、熱情、了解。

扶持：我要盡我所能幫助伴侶的生活過得更好：提供協助、鼓舞、激勵或指引。我要在他需要時伸出援手或給他一個大擁抱。我要投入時間心力在他的人生道路上助他一臂之力。我要給他支持和幫助。

想像每次你們的關係出現衝突或緊張時，你都能記住關於關懷、連結和扶持的價值觀，結果會如何？想像你以關懷、和善、尊重為基礎來討論你們的問題，面對你們的困難，協商你們的需要，你們的關係會如何改善？

省思你的價值觀時還有一件事要考量：你想要培養何種特質？例如你是否想要成為更坦率、誠實、自我肯定、獨立、善溝通、合作、關懷、有愛、享

受感官樂趣、性感、喜歡享受生活、愛玩、不做作、富創意、隨和、勇敢、平靜、樂觀、感恩、真實、值得信賴、可靠的人？

　　現在你對價值觀比較有概念了，請回到上一個練習「你希望自己在關係裡是怎樣的人？」你還有什麼可以增添的嗎？

■ 如果伴侶有意願 ■

　　如果兩人都完成了本章的書寫練習，接著請撥出三十分鐘分享彼此的想法。你可能驚訝彼此的價值觀這麼相似。當然，你也可能發現存在相當大的差異。如果差異很大，下面提供處理的方法。

　　首先，不要將這件事變成另一個壓力來源：「太糟糕了！我們這麼不同！要怎麼相處下去？」要知道這些只不過是「差異」，並不是你的價值觀是「對的」，伴侶的是「錯的」，只是不同而已。你會在接下來幾章看到，即使差異很大，你們還是可以擁有健康的關係。

　　第二，要知道價值觀有不同的層次。在表面層次，你們的價值觀可能很不同。但如果你更深入探索，常會發現其實是一樣的。

　　舉例來說，假設你很重視踢足球，伴侶重視打網球。乍看之下你們似乎有不同的價值觀，但在較深的層次是一樣：都重視競賽性運動。再假設你喜歡競賽性運動，但她不喜歡，她最愛的休閒活動是繪畫和瑜珈。表面看來也是不同的價值觀，但深入探究也會發現是一樣的：兩人都重視能帶來刺激和挑戰的休閒活動。

　　再舉一個例子：希斯工作時間很長，常晚回家。雪莉認為這樣對孩子不好，希望他早點回來陪孩子。表面看來似乎有不同的價值觀，似乎希斯的價值觀在於努力工作賺錢，雪莉的價值觀在全家相聚。但深入探究會發現兩人有共同的價值觀，都想要給孩子最好的：養育、照顧、幫助孩子成長茁壯，有好的發展。這裡的問題不在價值觀不同，而是兩人有不同的規則。希斯的

規則是「努力工作購買孩子需要的東西。」他遵循這個規則，努力賺錢，放假時帶家人去玩，買衣服、玩具給孩子，讓他們住在好的社區。雪莉的規則是「全家聚在一起」，遵循這個規則讓家人能夠連結，享有高品質的相聚時間，培養更豐富健康的關係。

所以如果你們的價值觀似乎有很大的衝突或差異，看看你是否能深入探究，找到共通點。未必每次都能做到，但通常都可以。一旦你明白兩人有相同的價值觀，接下來就可以從可行性的角度檢視你們的規則：如果你嚴格遵循這些規則或堅持你的規則是「對的」，伴侶的是「錯的」，這樣的態度能改善你們的關係嗎？關係是否有變通和修正的空間，或者稍微不要那麼嚴格，以便找到更好的平衡點？

■ 價值觀：隱藏的山谷 ■

你的價值觀就像秀麗豐饒的山谷在你眼前開展，遍布甘甜的水果、清澈的水及奇妙的各種生命。當你想到山谷的景緻以及你可能在裡面發現的寶藏就覺得很愉快，但你如果不去探索，永遠不會知道是什麼樣子。依循價值觀的意思是你穿上靴子開始走出去，只要你持續走，每一步都會有意義，不論步伐多小。

◎ 價值觀引導的行動

現在就開始想想你能夠做哪些小事：在價值觀的引導下採取簡單的行動改善你的關係。（當然，你可能因為伴侶而受傷、憤怒或不滿，現在還不願採取這些行動。若是如此，只須承認這是你現在的狀態。接下來兩章會探討這些問題。）下面提供幾點建議幫助你跨出第一步。此處雖把重心放在連結、關懷和扶持這三項核心價值觀，關係裡顯然還有其他重要的價值觀，請自行添上。現在請拿出你的日記或練習單，寫下你的答案。

語言：你可以對伴侶說哪些話，增進更深刻的連結感或讓他知道你在乎？好比「我愛你」、「我會支持你」、「告訴我，我可以如何支持你」或「我很感謝生命中有你」，甚至簡單的話如「謝謝」「對不起」「請原諒我」，只要說得真誠都很能打動人。除了口說，也可以考慮寫簡訊、卡片、電郵。

以行動表達：你可以透過哪些行動促進伴侶的健康、福祉和生命活力？煮飯、修車、安排外出用餐、幫伴侶做雜務或完成任務、送送花或 CD 等小禮物等都包括在內。

肢體接觸：你可以如何透過身體接觸增進連結和關懷？可以考慮擁抱、親吻、握手、撫摸頭髮、搓背、一起坐在沙發上等。

◎ 不要預期只有甜蜜和快樂

依循價值觀行事本身就能讓人感到滿足，帶給你意義、目的、生命力等感受，還有因為忠於自己而產生的深刻滿足感。另一個額外的好處是通常對你的關係很有幫助，但這並不表示生活從此只有喜悅和快樂。價值觀引導的生活也會有痛苦和不安。你在探索山谷時有時會跌倒，會割傷、瘀青、擦傷；會碰上打雷、下雨、下雪；會受寒淋濕、迷路飢餓、孤單害怕。這些是精彩冒險必不可免的。生活會有高潮和低潮，甜蜜和哀傷，快樂和痛苦。但你會感覺真正活著，你會知道你在挑戰自己，不斷成長，這當然好過在舒適圈裡浪費生命。

理論上聽起來都很好，但通常會有一個問題，這個秀麗的山谷通常很隱密，藏在憤怒、不滿、挫折、恐懼、受傷、怨恨構成的一團烏雲後面看不見。這「心理的迷霧」由許多痛苦的故事構成：關於伴侶的種種過錯，關係裡缺少的東西，以前發生過讓你受傷或憤怒的事。這些痛苦的想法和回憶糾結在一起，層層相疊，直到迷霧變得又濃又黑，讓你完全看不見更遠的山谷。接下來兩章我們將探討這個迷霧──了解你如何製造出迷霧，可以如何

將它驅散。在那之前，我希望你嘗試幾件事，並寫在你的日記或練習單上。每天至少花五分鐘寫下或省思下面幾點：

- 留意你何時依循你的價值觀，表現出你要成為的那種伴侶。那給你什麼感覺？對你們的關係有什麼影響？
- 留意當你沉浸在「我對你錯」的故事，或把伴侶看成有待解決的問題時，會發生什麼事。你的態度、感覺和行為是怎樣的？你們的關係怎麼樣？你的健康、福祉和生命活力又是如何？
- 開始依循價值觀。剛開始做一些簡單的事就好：表現關懷、連結、扶持的小事。例如你可以在白天突然打電話、傳簡訊或電郵，只為了說「我愛你」。每天結束時寫下你做了什麼，感覺如何。
- 如果你沒有開始依循價值觀，留意是什麼因素阻止你。是何種想法或感覺阻礙了你？

價值觀引導的行動是關係的命脈，沒有這些行動，你的關係會萎縮死亡。但我要提醒你：如果你做這些事主要是為了從伴侶身上得到什麼，那就是偏離價值觀，而是在追求需求、希望、欲望、情緒目標。這可能會構成問題，很容易讓你感到挫折或失望。所以你採取這些行動只是因為對你很重要，反映出你希望人生有什麼樣的意義——留意當你真正做自己時是什麼感受。

第三部

第 08 章
走入迷霧

　　現在你已經知道你要成為哪一種伴侶，接下來的問題是：什麼因素讓你沒有成為那種伴侶？你無疑想要做一個更會關懷人、更體貼、和善、有愛心和同情心、疼惜的人，但有些因素阻礙了你，不是嗎？如果你要開始探索價值觀的翠綠山谷，就必須驅散迷霧才能看見。但首先你必須知道迷霧是什麼組成的，下面的問題就是為此而設計的。請拿出你的日記或練習單，就像我們每次回答問題一樣，請盡可能詳細回答。

　　假設奇蹟發生，你的伴侶突然變成你完美的「心靈伴侶」：完全沒有缺點，沒有惱人的習慣，總是支持你，能夠滿足你的所有需要、希望和欲望。

* 如果發生這件事，**你**會如何改變？
* 哪些事是你會停止做或開始做更多（或更少）的？
* 你會努力成為哪一種伴侶？
* 你會培養哪些個人特質？
* 你會培養哪些態度來面對伴侶？
* 伴侶痛苦時你會如何回應？他犯錯或搞砸時你會如何待他？

所以你對自己有了什麼認識？你是否發現其間的差距？你的理想行為和

實際行為之間的差距？如果你注意到了，這是正面的訊號，表示你很正常。當你的關係中存在愈多的壓力和挑戰，這個差距往往愈大。希望你能慢慢弭平差距，但首先你要注意到差距的存在。

現階段先注意大腦告訴你的事。多數人一覺察到差距的存在，大腦就會開始拼命合理化。常見的理由包括：「只要他做到 xxx，我就不會那樣了。」或「如果她不再做**那件事**，我就不用做**這件事**了。」這類想法很正常，但並不是很有幫助。層層的心理迷霧讓你無法展開精彩的旅程，追求有價值的人生，合理化只是其中一項因素。下面四個問題可以幫助你發掘其他層層迷霧（現在就寫下你的回答）：

- 什麼因素讓你此刻無法按照你的價值觀生活？
- 你擔憂開始按照價值觀生活會發生什麼事？
- 你認為必須先發生什麼事，你才能開始按照價值觀生活？
- 你相信伴侶應該先改變，你再改變嗎？如果是，你期望伴侶做什麼？

■ 層層的心理迷霧 ■

你的心理迷霧是幾種因素組成的強力毒物，包括沒有幫助的想法、預測會發生可怕狀況、僵化的心態、嚴厲的評價、痛苦的回憶。多年來層層相疊，累積成濃重的烏雲，讓你呼吸困難，無法過你真正想要的生活。回答完上面的問題，你很可能已發現下列層層迷霧的一部分或全部：

◎ 應該層

這一層包含如下的想法：

- 我為什麼**應該**這麼麻煩？

- 問題不在我，**不應該**是我需要改變。
- 我為什麼**應該**讓他好過？
- 她**不應該**那樣對待我。
- 他**應該**道歉，承認是他的錯。
- 兩人在一起**不應該**這麼難。

　　當我們沉浸在這些念頭，就會變得自以為是、激憤、憤怒或不平。「應該」一詞暗示必須遵循某種規則。如果伴侶沒有遵守我們認定的規則，我們必然會生氣。請花點時間思考這個問題：你的大腦告訴你伴侶應該做什麼？他應該知道你要什麼嗎？她應該尊重你的願望？他應該把衣服收好？她應該認同你的朋友？他應該在前戲花更多時間？她應該對性更有興趣？

　　我們很自然會有這類想法。你的大腦就像「製造應該的工廠」：源源不絕製造出各種形狀尺寸的「應該」。你可能會堅持：「但這是事實，他應該把衣服收好。」但這裡的重點不在這是不是事實，而是可行性。當你完全沉浸在這些「應該」，對改善你們的關係有什麼效果？不是只讓你的不滿更高漲嗎？不是只讓緊張和衝突更加劇嗎？

◎ 努力無用層

　　這一層相信未來一片灰暗，努力也沒意義。下面是兩個例子：

- 太遲了，已造成太多傷害，我們永遠無法修補，所以何必浪費我的時間？
- 她永遠不會改變，所以我為什麼要白費力氣？

　　你是否曾經有過類似的想法？多數人都有，尤其遭遇逆境時。但如果你任由這些想法擺布，結果會如何？如果你放棄了，你們的關係會如何？

◎ 悔不當初層

這一層由一廂情願的想法構成：

- 如果他好好振作就好了……
- 如果她不要煩我……
- 如果他更坦誠分享他的感覺……
- 如果她和我的父母相處得更融洽……

我們有時難免都會沉浸在一廂情願的想法，這等於是暫時遁逃到幻想樂園。可嘆的是你待在「如果……該有多好」的時間愈長，與「現實」世界就愈脫節。不小心一點，你可能會耗費很多時間沉浸在這種迷霧思想。長期來看，對你有任何幫助嗎？從任何角度來看，你的關係有一丁點改善嗎？

◎ 痛苦過往層

這一層是你記憶中關係裡曾經出錯的一切所帶給你的痛苦：伴侶曾經搞砸、傷害你、讓你失望的千萬種方式。我們多數人不用費什麼力氣就可以想出一大堆。每當關係陷入緊張，我們的大腦立刻就可以打開自備的 DVD 播放機，把音量調到最大。我們很容易就會坐下來觀看這些老電影，雖然從來沒有因此得到任何好處。不要光聽我說：想想自己的經驗。耽溺痛苦的回憶曾經對你的關係有任何幫助嗎？或只是更增不平和憤慨？只會讓你更不滿足？

◎ 恐怖未來層

這一層是我們想到若是**真的**改變，可能發生各種問題的所有恐怖念頭：

- 她會占我便宜。

- 我會受傷。

- 他會不負責任。

- 她將永遠不會改變。

- 他只會故態復萌。

- 她會認為我這麼做是理所當然。

- 我會困在這個關係裡，結果只會更糟糕。

- 我會做出錯誤的選擇，我和別人在一起會比較快樂。

- 如果我現在不離開，將來會老到無法找到更適合的人。

我們多數人都會想像未來的可怕狀況。這很正常，這是演化的結果。人類的遠古祖先必須能預見危險，如果這一點做得不夠好，可能會被吃掉。祖先愈是能預期危險將臨並做好準備，就能活得愈久，繁衍更多後代。所以一代代下來，人類的大腦變得愈來愈能預期威脅。結果就是現代人的大腦一天到晚都在預期威脅：隨時留心可能讓我們受傷或痛苦的任何危險。不幸的是這往往表現為「擔憂」、「緊張焦慮」或「想像最糟的狀況」。

下面是這類恐怖故事裡最具說服力的一種：「如果我改變，伴侶會占我的便宜。辛苦的事統統變成我在做，我不斷付出，他就只是接受。」這種恐懼很常見，也完全正常——如果伴侶已經有這類紀錄更是如此。問題是如果你接受這種說法，只會讓你被困住。你可能已試過乾耗的戲碼：除非他先改變，否則休想讓我改變。效果如何？確定會讓你脫困的唯一方法就是你先採取行動。那麼何不試試看？如果你先採取行動，結果證明你的預測是正確的——確實很讓人失望，至少你知道自己嘗試過了。如果你連試都不試，你很清楚關係會怎樣發展。（別預期你的大腦會配合，你要預期大腦繼續告訴你這類故事，它知道這麼做最容易抓住你的注意力。）所以請先花點時間省思下列問題：

- 大腦喜歡告訴你的最恐怖故事是什麼？
- 當你沉浸在這些故事時，是否能幫助你採取行動改善關係？有助於你和伴侶更親近？
- 沉浸在這些故事是否讓你無法做出重要的改變？是否讓你更想放棄或離開？

◎ 各種理由層

這一層會提供我們為什麼不能或不願改變的各種理由：

- 我太憂鬱／壓力太大／太疲倦／快撐不下去。
- 我受夠了，再沒有力氣嘗試了。
- 我很滿意自己，需要改變的是她，不是我。
- 我老到無法改變了。
- 我一直就是這個樣子，這就是我，要嘛接受，不接受就拉倒。
- 我不在乎了。
- 如果他先改變，我就改變！

我們的大腦很善於提供理由，但理由幾乎都只是「藉口」。短期來看很方便：可以幫助我們避開辛苦努力的過程。但長期而言對你有幫助嗎？如果你沉浸在這些藉口裡——緊緊抓著不放，讓藉口決定你的行動——對你們的關係會有什麼長期的影響？

◎ 評價層

這一層是我們對伴侶的所有負面評價：

- 他不值得被好好對待。

- 她太難搞，我為什麼要對她好？
- 他是魯蛇，不值得我尊敬。
- 她太有攻擊性，那是她的問題。
- 有一堆問題的人是他，不是我。

請停下來思考一下：你的大腦對你的伴侶做了什麼評價？

- 當你的大腦真的要「揮大刀」將伴侶碎屍萬段時，它做了哪些惡意的評價？罵了哪些最難聽的話？自私？邋遢鬼？爛人？渾蛋？神經病？蠢材？讓人沮喪？懦弱？傲慢？自我中心？惡毒？忌妒？愛操控？自以為是？可厭？控制狂？
- 當你沉浸在這類想法時，關係變得怎樣？這是你想要緊抓不放的想法嗎？糾結其中是什麼感覺？
- 如果你讓這些想法決定你的行動，有助於修補或強化關係嗎？

◎ 我知道原因層

這一層由假設構成。你分析伴侶，試著弄清楚她為什麼繼續做那些事：她為什麼不能不再做了？你的大腦想出各種看似有理的念頭：她的潛意識動機、隱藏的欲望、不為人知的目的。在這方面大腦可以發揮無窮的創造力。請花點時間思考一下：你的大腦創造了哪些故事來解釋伴侶的行為？這些故事是否聽起來很熟悉？

- 她那麼做是故意的，只為了證明她的論點。
- 他那麼做是為了傷害我。
- 她如果真的有心一定可以改，她只是懶得改。
- 他對女人有潛意識的敵意。

．因為她內心深處想要離開我。

分析伴侶確實是很有趣的遊戲，結論也似乎非常具說服力。但當你將這些假設當做事實會如何？如果你緊抓住這些解釋，照單全收，有助於營造更好的關係嗎？

◎ 根深柢固的恐懼

根深柢固的恐懼常會阻礙我們依循價值觀。最常見的三種恐懼是被拋棄（伴侶會離開你），被控制（伴侶會讓你窒息、控制你、侵犯你或甚至要求太多的愛和感情，讓你無法承受），自己沒有價值（你不夠好、沒有價值、不值得被愛）。這些根深柢固的恐懼可能以下列極具說服力的故事呈現：

．他會離開我，我無法忍受沒有他。
．我配不上她，我知道她會找到更好的人。
．他想要控制我，不讓我做自己。
．如果我給她她想要的，我將一無所有。
．當他發現真實的我，他就會離開。

當你緊緊抓住被拋棄的想法，結果會怎樣？你是否變得黏人、需索、忌妒、佔有慾強？或者開始表現得像「踩腳墊」，忽略自尊與自我關懷的價值觀，唯恐伴侶不贊同而不敢要求你想要的？如果你沉浸在控制的故事又會如何？是否能幫助你和伴侶深化連結，或反而拉開兩人的距離？

■ 覺得似曾相識嗎？ ■

你認得出前面列出的任何想法嗎？我們多數人腦中至少都有這些迷霧的

一些元素在轉來轉去。其中有些迷霧思想可能完全是事實。但別忘了，我們談 ACT 時，最在意的不是真相是什麼，而是怎麼做才有幫助。換句話說，如果你沉浸在這些想法，任其控制你的作為，是否能幫助你營造豐富、充實、有意義的關係？

　　你無法阻止這些想法浮現。我猜想你自己已經發現這件事，如果不是，不要光聽我說的，你自己檢視看看，試著阻止大腦浮現這些想法。試著什麼都不要想，只想正面的念頭——看看你可以維持多久不冒出負面的念頭。或者試著將那些想法趕出腦海——注意看看它多快又冒出來。或試著挑戰那些念頭——注意你浪費了多少時間，陷入與大腦的爭辯。（如果你真的暫時爭辯贏了，注意同樣的念頭多快再次出現——大腦不會認輸太久的。）

　　當然，你可能發現這些想法有時會放過你——當你心情很好、或度假時，或伴侶表現最佳行為時——但無疑的，你會發現當你的心情一變壞，或壓力增高，或伴侶的行為愈來愈糟，那些想法立刻又活蹦亂跳。其中有些想法已經很古老了，不是嗎？有些從你們交往初期就存在了，有些甚至在其他的關係也有。（我不會讀心術，但地球上幾乎每個人都是如此，因此我猜想你也不例外。）既然你無法讓這些想法不再浮現，下次再出現時你要如何反應？

　　一個方式是讓自己再度沉浸其中：給予全部的注意力，當做那好像是絕對的真理。如果你對待自己的想法是這樣的反應，是否有助於你成為自己心目中的伴侶，或營造你希望的關係？如果你耽溺其中，前思後想，在腦中無聲地重播，或大聲重播給別人聽；如果你給予全部的注意力，緊抓不放，完全沉浸在裡面，你的行為會變怎樣？你的價值觀呢？你的關係呢？

　　還記得前面提到的耗損因子嗎？當你陷入腦中的世界，你會與伴侶失去連結，變得被動反應，忽略你的價值觀。會有這種反應不難理解，最大的問題是：

　　製造迷霧的並**不是**你的想法，唯有當你**緊抓著那些想法不放**，才會讓它

變成迷霧。

認清這一點很重要。如果是你的想法製造迷霧，驅散它的唯一方法是拋掉那些想法。但我們已經探討過了，你沒有辦法永遠拋掉它。你或許可以拋開一會兒，但遲早它又會回來。那麼你要如何驅散迷霧？答案是學習任由思緒來去，不要執著。你要像輕輕抓著蝴蝶一樣抓著思緒，而不是像緊緊捏著一張十元美金。你要學習看清想法的真相——不過就是在你腦中浮現的語言。任由它們自由來去，彷彿那只是在你家門前開過的車子。當你抓住那些想法，它就會增強，放開手它就會消散。這就是我所謂的「放下」，下一章你會學習如何做到。但首先請自己體驗看看你是如何製造出迷霧的。

■ 練習：如何製造迷霧 ■

這個練習要告訴你，當你緊抓著想法不放時會發生什麼事。請再次拿出日記或練習單，盡可能寫下你能辨識的各種「迷霧」思想。利用前面的例子當做指南，依下列標題寫下你的想法。

應該

嘗試也沒有用

如果……就好了

痛苦的過去

可怕的未來

合理化找理由（藉口）

評價

我知道原因

內心深處的恐懼

現在你已經寫出一長串的「迷霧思想」。下一步是讀一遍，盡可能相信，給予全部的注意力，一直去想，深信不移，完全沉浸在裡面。目標是讓迷霧愈濃愈好，沉浸到你根本忘了所有的一切。至少維持這樣一分鐘。

接著檢視你的感受。當我們迷失在濃霧裡，很快就會跌入情緒痛苦的流沙。你是否感覺很受傷？憤怒？不滿？孤單？悲傷？憤慨？焦慮？沮喪？輕蔑？厭惡？怨恨？挫折？很煩？想哭？怒不可遏？此刻你對伴侶是什麼感覺？你會覺得和他很親近、很有連結嗎？還是很疏離？執著這些想法是否有助於拆掉你們之間的高牆？或是讓高牆築得更厚？此刻你會覺得想要依循你的價值觀嗎——？想要關懷伴侶，和他連結？或想要放棄、離開或斥責對方？

■ 如果伴侶有意願 ■

兩人都要做這個練習，然後撥時間開誠布公地討論。你可能會驚訝你們有很多相似的迷霧思想。你們可以討論那些想法是新的或舊的，是否只是舊故事的變化版，多年來不斷浮現？是否曾經出現在其他關係裡，好比和朋友家人的關係（而不只是和伴侶）？

■ 忽略重要的人 ■

希望你已發現，你愈是糾結在那些想法，迷霧就變得愈濃。要真正明白這一點，請將日記或練習單拿到臉的前面，碰觸到鼻子。現在你看到的房間是什麼樣子？什麼都看不到，對不對？如果你的伴侶站在你的正前方，你也無法看到他，只能看到你自己的迷霧思想。當我們陷入這種心理迷霧時，就會忽略兩個很重要的人：

我們的伴侶：我們的視線被迷霧遮住，再也看不清伴侶的真實面貌。

我們自己：我們會因為被濃霧遮蔽而迷失──盲目地遊蕩，幾乎忘記所有的價值觀。迷霧愈濃，我們愈會遺忘自己真正想要成為的那種人。

　　心理迷霧是讓關係耗損的最大因素，深陷其中會讓我們與伴侶失去連結，變得被動反應，逃避伴侶，迷失在腦中的世界，忽略我們的價值觀。如果我們要驅散迷霧，就必須學習處理……

第二部

第 09 章
評價機器

無能！白癡！肥！醜！無趣！虛假！自私！貪心！操縱！傲慢！愛評價！沒有人喜歡你！你是失敗的父親！你變老了！

問：這些語言有什麼共通點？

答：全部都是大腦要打擊我，讓我心情不好時說的話。

有些讀者聽了可能驚駭：「這是什麼話？這傢伙寫了一本自助書籍，對自己卻是這種看法？」唔⋯⋯其實沒有那麼簡單。是的，我的腦子有時候確實會浮現這些想法。通常是在我搞砸或表現出與我的價值觀完全不相符的衝動行為時。重點是當那些想法真的浮現時，我通常都不相信。我很少陷在裡面，認真把它當一回事。這些想法浮現時，多數時候都不會困擾我，就像耳邊風一樣。我的大腦可以大聲辱罵我，但對我的影響和收音機播放的輕柔背景音樂差不多。這怎麼可能？這要感謝 ACT 的一種重要做法，「脫離糾結」（defusion）。

檢視脫離糾結之前，我先問你一個問題：你的大腦曾經對你說過這些話嗎？我打賭一定有。我每年舉辦的研習營都有數千人參加，我都會問觀眾：「今天這裡有任何人的大腦沒有告訴他『你不夠好』的某種版本嗎？有任何人的大腦不會有時候指出他的問題、欠缺、弱點嗎？如果有，請舉手。」到今天為止還沒有半個人舉過手！

■ 練習：評價的大腦——第一部 ■

　　所以你的大腦真的要打擊你時會對你說什麼？當你的大腦變成法官、陪審團、行刑者，當它列出你有問題的全部證據，評價你不夠好，判決你必須受苦，聽起來是什麼滋味？如果我可以聽見你的想法，我會聽到你的大腦說什麼？

　　請花點時間寫下大腦對你說的話。你可以寫在這本書，下載練習單，或將你的回答記在日記裡。請以你能想到的最多字詞完成每個句子。

　　當我的大腦要評價我「不夠好」時，它會說：

- 我的大腦說我是一個……
- 我的大腦說我太……
- 我的大腦說我不夠……
- 我的大腦說我做太多以下的事……
- 我的大腦說以下的事我做得不夠多……
- 我的大腦說我欠缺……

　　寫完後請讀出來，挑出最讓你困擾的自我評價，將它縮減成四、五個字，例如我是魯蛇、我太自私、我不夠聰明等。

　　完成了嗎？好，接著我要請你做幾件事。首先，請相信這些評價，給予全部注意力，深信不移。我聽到你說：「什麼？你瘋了嗎？我不喜歡這些想法，你為什麼叫我相信？」我向你保證，這麼做有很重要的意義。相信這些想法顯然會讓你感覺有些反感，但我希望你願意做幾秒鐘，以便學習一件非常有用的事：練習「脫離糾結」，前面提到的 ACT 的重要做法。請這樣做……

　　想一句負面的自我評價——「我是……」——盡可能相信二十秒，注意

會發生什麼事。

接著默默在腦中重播這句評價,字句完全一樣,但這次加上幾個字:「我正產生……的想法」。注意會發生什麼事。

請再做一次,但這次加的字稍微不同:「我注意到我正產生……的想法」。注意會發生什麼事。

結果會如何?當人們加上「我正產生……的想法」或「我注意到我正產生……的想法」,多數人會感覺和他的自我評價分離或拉開距離。想法不會消失,但會減少一些衝擊,這個過程叫做「脫離糾結」。為什麼?想想兩塊金屬板融合在一起,如果你不使用「融合」來形容,要怎麼形容?相連?固定?黏合?熔合?焊接?這些都暗示同樣的意思:沒有分離,金屬板完全合在一起。我們採取 ACT 時會談到與想法的「糾結(融合)」:這個專業術語是指你沉浸或糾結纏在你的想法裡。**脫離糾結**則是與你的想法分離,保持一點距離,後退一步觀察你的想法而不要迷失其中。

■ 脫離糾結 ■

回到前面提到的耗損因子(連結的關係減弱、被動直覺反應、逃避、陷在腦中的世界、忽略價值觀)。融合就是困在你的大腦裡,**脫離糾結**則是逃脫這個陷阱,從你的大腦「退後一步」:注意大腦告訴你什麼故事,但不要沉浸其中。在融合的狀態下,你會沉浸在你的想法裡,在**脫離糾結**的狀態下,你可以退後一步觀察你的想法,選擇如何回應。

■ 練習:學習脫困 ■

這個練習要幫助你退後一步觀察你自己的想法。請停止閱讀二十秒,閉上眼睛,只注意大腦告訴你什麼。

接著再做一次，這次看看你能否注意想法的**形式**：是圖片、語言或聲音？

接著再做一次，這次看你能否注意你的想法似乎在什麼地方。是在你前面、後面、上面、旁邊、腦子裡或身體裡？會移動或靜止不動？

做這些練習可以幫助我們與自己的想法脫離糾結：稍微分開一點，保持點距離，冷靜檢視。如果我們要建立有意義的關係，改善整體生活品質，一定要學習這件事。為什麼？下面的練習會比光是敘述更能清楚說明原因。

■ 練習：如果手是你的想法 ■

想像一下你的手是你的想法，將這本書放在你的腿上或桌上，空出兩隻手來做這個練習。手掌向上並排放著，像攤開的書一樣。伸到你面前，注意你可以清楚看到雙手，也可以清楚看到房間四周。

你一讀完這句，我要請你慢慢將手舉起碰觸你的臉，完全遮住眼睛——注意你能否看到房間四周。

你注意到什麼？你可能可以透過指縫看到房間的一小部分，但多數地方都從視線消失了。當我們與想法糾結時就是如此：我們會太深陷其中而忽略整體情況。接著想像你的手代表你對伴侶的所有負面評價，假設伴侶就站在你面前。當你將手舉到臉的正前方時，你看得到伴侶嗎？沒錯：你的手愈接近臉，愈無法清楚看到伴侶，到最後只能透過指縫看到一小部分。

這正是我們與想法糾結時的情況。我們會沉浸在「伴侶有各種問題」的故事，再也看不見他的真實面貌，只看見我們的大腦貼在伴侶身上的標籤：魯蛇、自私、懶惰、不體貼、邋遢鬼、難搞、無能、不值得信任、騙子、過度情緒化、難相處等等。我們忽略了在我們面前的是一個完整的人，有很多不同的性格，有各種優缺點，一味透過批評和責難的濾鏡看待伴侶，難怪到頭來會搞得自己不滿足、不開心。

我聽到你說：「聽起來都很有道裡，但如果那些評價是對的呢？」好問題。別忘了，依據 ACT 理論，追根究柢重點不是你的評價正不正確，而是可行性，亦即你與那些評價糾結所造成的**長期**效果，對你們的關係會有什麼影響？如果你選擇留在關係裡，就要讓它發揮最大的價值，與那些評價糾結會讓你更滿意或更不滿意？

請再快速做這個小練習一次，這次注意當你的手遮住臉時，你會很難行動自如。想像兩隻手遮著臉時要如何開車、切菜、打電腦！同樣的道理，當你因為對伴侶的種種評價而變得盲目，便很難依循你的價值觀有效行動。但如果你能與那些評價脫離糾結，記住你的價值觀，你會注意到有很大改變。

舉個例子，假設你要伴侶幫忙做家事。你的大腦開始告訴你「壞伴侶」的故事，好比說，**他這人又懶又自私，為什麼都不做家事？為什麼還得我開口要求，我是什麼，他的奴隸嗎？**如果你和這些故事糾結，會發生什麼事？沒錯，你會對他發脾氣或說不好聽的話。或者你試著好聲好氣要求他，說出來的話卻充滿諷刺、輕蔑、憤怒或怨氣。或者你什麼都不說，乾脆自己來——但心裡憤憤不平。

現在假設你可以和那些故事脫離糾結，你沒有沉浸其中，而能把它放到一邊，記住你關於自我肯定、接受、友善的價值觀。迷霧消散了，眼前顯露出寬闊的蓊鬱山谷。然後你就可以接受伴侶不同於你，因此他的態度和習慣也和你不同。你會記住他是你的朋友，不是敵人。你會記住你喜歡怎樣對待朋友。你也會練習自我肯定，在這個例子就是提出你的要求，同時尊重伴侶有權要求你禮貌地對他說話。然後你就能不帶憤怒或怨氣地說：「如果你可以幫我整理一下，我真心感謝。」當然，這無法保證伴侶一定會幫忙，但你這樣要求時，他幫忙的機率大很多，而且是心甘情願，而不是憤憤不平。當然，發飆批評人可能也會促使他幫忙，但在那種情況下，他大概會做得充滿怨氣或不滿，長期下來對你們的關係並不好。

■ 你能夠讓大腦停止評價嗎？ ■

　　要讓你的大腦停止評價，我知道的唯一方法是進行重大的開腦手術，切除負責思考的所有部分。但不要光聽我說的：自己試試看。設下定時裝置，出去簡短散步，看看你的大腦可以維持多久不會對某人或某事做出負面的評價。我可以打賭不會太久。你也沒有必要對此感到愧疚，這完全正常且自然。受到演化影響，現代人的大腦是精準設計的評價機器，一刻不停歇。

　　要知道，我們遠古祖先的大腦必須不斷做出重要的判斷，才能在危險艱難的世界中生存。遠方有個人影：是敵是友？樹叢間有動物：危險或無害？一條陡峭的石頭路通到山上：安全或崎嶇難行？如果祖先的原始大腦不善於做這些主觀判斷，就無法存活到可以繁衍後代，傳承基因。經過無數世代的演化，我們才會有永不停止評價的大腦。這代表評價機器會生產許多有用的語言，同時也會有很多沒用或甚至根本有害的東西。那麼，我們該拿這些怎麼辦呢？

■ 實事求是 ■

　　有很多方法可以從對伴侶的無助益評價和故事中的糾結脫離出來。一個方法就是命名這些評價和故事。你一發現評價機器在製造東西，你可以默默對自己說：**啊哈！又到了評價時間。哈！這是個「壞伴侶」的故事，早就聽過了。**這麼做就是與故事脫離糾結，沒有困在裡面。與「壞伴侶」故事脫離糾結並不是自然就會，但多練習幾次會愈來愈容易。你也可能想要給「壞伴侶」的故事另一個名稱──好比邋遢鬼故事，或工作狂故事。然後每次你注意到自己被那則故事的相關想法或感覺吸引住，就可以這樣敘述：**啊哈！這是工作狂故事，又來了。**

　　下面試舉幾種你可以嘗試的輕鬆用語：「評價日又來了！」「啊哈！評

價機器紅色警戒。」或簡單的說：「這是在評價！」我鼓勵讀者在接下來幾周玩玩看，看你能不能當場逮到評價機器在運作，指出它在做什麼，注意發生了什麼事。記住，目的不是要停止評價，你其實沒有辦法做到。目的是看清真相不過是你的大腦自動製造出一堆語言。

現在我要請你進行評價機器的第二部分練習。這次你要檢視你對伴侶的評價，而不是你對自己的評價。以你能想到的最多字詞完成每個句子。

■ 練習：評價的大腦──第二部 ■

當我的大腦要讓我被「壞伴侶」的故事吸引住，大腦可能會這麼說：

- 大腦說我的伴侶是一個……
- 大腦說我的伴侶太……
- 大腦說我的伴侶不夠……
- 大腦說我的伴侶做太多以下的事……
- 大腦說我的伴侶以下的事做得不夠多……
- 大腦說我的伴侶欠缺……

接著讀完這個清單，挑出最讓你困擾的評價，簡化為下列格式：「我的伴侶是 X」或「我的伴侶不是 Y」。

在大腦中保持住這個想法，盡可能相信二十秒，注意發生什麼事。

接著默默在腦中重播這句評價，字句完全一樣，但這次加上幾個字：「我正產生……的想法」。注意會發生什麼事。

請再做一次，但這次加的字稍微不同：「我注意到我正產生……的想法」。注意會發生什麼事。

結果如何？我希望你能稍微脫離糾結。如果沒有，從清單中挑選另一個

評價再試一次。

■ 練習：帶著你的評價 ■

　　這裡介紹另一種脫離糾結練習。先準備一張白紙，必須是單張紙，所以如果你使用的是日記或便條簿，請撕一頁下來。在紙的一面寫下大腦告訴你關於伴侶最苛刻嚴厲的四、五個評價或故事。（簡單的做法是直接複製上述第二部練習的答案，但去掉「大腦說」三個字）。

　　完成後將紙翻過來，在背面寫下斗大的黑體字：**啊哈！壞伴侶故事。又來了！**（當然，你可以換成你想到的更好的故事名稱。）

　　接著將紙再翻過來，讀完全部的評價和故事。完成後，再翻面讀出斗大的黑體字，注意發生了什麼事。

　　你做了嗎？如果沒有，請試試看。多數人發現立刻有助於脫離糾結。我帶著案主做練習後，立刻問他們：「你是否願意將那張紙摺起來，接下來一周放在皮包或皮夾裡帶在身上，一天拿出來四、五次，重複這個練習：先讀完全部的評價，然後翻過來讀出你寫在背面的字？」我鼓勵讀者自己試試。本書的任何技巧都無法保證一定有效，但多數案主嘗試一周後都表示，能夠很輕易地與「壞伴侶」的故事脫離糾結，比較不會那麼常常執著在上面。

■ 如果伴侶有意願 ■

　　本章最後要進行前述練習的變化版，這是特別為夫妻設計的。如果你的伴侶有意願，你們可以一起做。如果沒有意願，那就盡可能鮮明地想像。下面是我在諮商晤談中的做法：

　　請兩人依照前述的練習在紙的兩面都寫好。然後我會請他們面對面站著，將紙拿在臉的前面，只看得到負面評價的清單。接著我問：「這麼做有

什麼感覺？會覺得彼此連結得起來嗎？你們能讀懂對方彼此的表情嗎？能感覺有互動、很接近、很親密嗎？」

接著我請他們將紙夾在手臂下，再次互相交談幾秒鐘。我問：「現在是什麼感覺？是否覺得比較有連結？」答案總是肯定的。

最後我指出：「你並沒有去除掉那些評價，它還是存在腦中，但你可以改變面對評價的方式以及你所受的影響。」脫離糾結的關鍵不是去除不想要的想法，只是以不同的方式面對評價，調整你所受的影響。

■ 練習、練習、練習 ■

光看書無法學會開車，你還得坐進車裡實際練習。本書裡的所有心理技巧也是一樣。所以如果關係對你很重要，你是否願意做下列的練習？

- 依照上面的指示帶著你的評價。將紙摺好放在皮包或皮夾裡帶著，一天至少拿出來四次。先讀出評價清單，再翻面讀黑體字。
- 一天當中每當你發現大腦在評價，默默地這樣敘述：**這是在評價！**或**啊哈！「壞伴侶」故事**，或更簡單地說：**評價**。
- 當你明白自己被無益的故事或評價吸引住，可立刻透過下面的話與它脫離糾結：「我注意到我的大腦正在做出……的評價」或「我的大腦正在告訴我……的故事」或更簡單的：「我有……的想法」

不妨試試我建議的這些用語，也可以換成你自己的話，注意會發生什麼事，心理迷霧是否開始消散？如果沒有也無須驚慌，還有很多因應方法……

第三部

第 10 章
被故事緊緊抓住

你是否曾經太沉浸在一本書或一篇文章，以致完全忘了時間，因為太著迷於內容而幾乎沒有意識到別人或周遭的一切？我們的大腦是說故事大師，只想要爭取我們的注意。大腦會告訴我們一則又一則故事，整天不停歇。我們通常稱這些故事為「想法」。

有些故事無疑是真的：我們稱之為「事實」。但大腦訴說的故事絕大多數不是「事實」，多數是意見、評價、信念、心態、觀念、假設、價值觀、目標、預期、希望、幻想、欲望、心態等等。當我們沉浸在那些故事時，很容易忘了身在何處，正在做什麼。你是否曾經和親戚朋友或伴侶談話，突然意識到對方說的話你一個字都沒聽見？你是否曾開車到達目的地，卻不記得過程？是否曾走進房間拿東西，進去後卻不記得要拿什麼？是否曾經去參加派對、聚餐或社交場合，卻完全沉浸在自己的想法裡，參加等於沒參加一樣？

這些只是日常生活中深陷在自己腦中世界的幾個例子。但沉浸在故事裡只是問題的一部分，另一部分是緊抓著故事不放。擔憂就是很好的例子：你的大腦告訴你一則可怕的故事，關於伴侶可能會做的什麼壞事，或你們的關係可能發生的問題。常見的一種恐怖故事是伴侶可能會離開你，另一種是你會困在關係裡面無法逃脫。擔憂只表示你不肯放開這些故事：你緊抓著不放，一遍又一遍重播。一直想著過去也很類似，專業上稱為**反芻思考**

（ruminating）。你一再重溫舊傷口或痛苦的回憶，在腦中重複播放，讓自己為了伴侶說過的話或做過的事激動不已。即使過去已無法改變，一直想一點用都沒有，你還是無法放下。

除了擔憂和反芻思考，還有你的各種評價、批評、對與錯的規則；你的所有期待、失望和挫折；你對於被拋棄、傷害和控制的所有恐懼。但別忘了，這些想法、信念和記憶並不會製造迷霧！唯有當你緊抓著不放才會製造迷霧。只要放開手，迷霧就會消散，讓你可以自由地去探索遠方的山谷。

■ 靈活看待想法 ■

緊緊握拳，好好看清楚，注意手的形狀、輪廓、白色的骨節。當緊握住手時，手可以做什麼？只有一件事：攻擊。你可以用來恫嚇或打人，但大概就是這樣了。緊握的拳頭無法輕輕撫摸愛人的臉，握住新生嬰兒的小手，或輕柔地愛撫伴侶的身體曲線。

現在慢慢放鬆拳頭，張開手，讓手指不再捲曲，放鬆肌肉。現在你可以用手寫字、畫畫、打字、切菜、開車、撫摸狗狗、刷牙、愛撫伴侶的臉、捧著嬰兒的頭、按摩你疼痛的太陽穴。

當我們緊抓住想法，就會失去靈活性。就像緊握的拳頭，我們能做的事會受到限制。如果那些想法是對伴侶的批評，我們可能會表現出傷人的言行。但當我們不再緊緊抓住那些想法，不那麼認真看待它，靈活性就會比較高，能更有效因應挑戰。

■ 因應頑強的思想 ■

學習變得有彈性需要一點練習，下面提供有用的技巧：

■ 練習：將思想握在掌心 ■

要讓這個練習發揮最大的效果，進行每個步驟時可以慢慢來。先讀一次說明再開始。

1. 想一則關於伴侶的無益故事。（**記住**：所謂「無益」並不是著眼於「真偽」而是「可不可行」。當我們說某種故事「無益」或「不可行」，意思是當你沉浸其中，對你的關係會有負面的影響。）
2. 將故事濃縮成一兩個句子。
3. 花大約 20 秒沉浸其中，相信它，糾結在其中。
4. 手伸到面前，想像將故事從你的腦中取出，放在攤開的手掌上。
5. 慢慢地盡可能握緊拳頭，緊抓住那則故事，彷彿不這樣會死掉。緊握住幾秒鐘。
6. 慢慢放鬆手，張開手讓故事留在手掌上。不要試著將它彈開或擦掉，就讓它留在那裡。

結果如何？那則故事對你還有同樣的影響嗎？或者它「不再能掌控你」？（沒錯，掌控是雙向道，你抓住故事，故事也抓住你！）希望你已經體驗到些許脫鉤的感覺，感覺能退後一步，多少拋開與思想的糾結。我鼓勵你每次意識到自己抓得太緊時就運用這個技巧。如果效果不太好，下面還有其他方法：

■ 練習：為故事命名 ■

上一章談到「壞伴侶」的故事。你可以進一步發揮這個技巧：如果你們的關係出現某方面的問題，現在你要把你對這問題的每一種無益的想法、

感覺、記憶都放入一本書或電影，你會使用什麼標題？你可以盡情發揮創意或盡量直白：黑洞故事、大錯誤故事、爛婚姻故事、懶惰蟲故事。接下來幾周，你一發現任何與故事相關的感覺、想法或記憶，只需說出它的名稱：「啊哈，又是人生很爛的故事！」

當然，有時候你還沒有意識到就被故事吸引住了。沒關係，當你明白發生了什麼事，只需說出它的名稱：「啊哈！剛剛被嘮叨的故事吸引住了！」做這件事要帶著幽默和好玩的感覺，放輕鬆，不要太嚴肅。慢慢地，應該可以幫助你不那麼執著於故事，可以更輕易放下。

■ 練習：把故事唱出來 ■

1. 挑出你對伴侶的某句惡毒的評價或批評，寫成一個短句，不超過幾個字，例如：「他是自私的豬！」
2. 試著搭配生日快樂歌的曲調唱出來。
3. 試著搭配你自選的曲調唱出來。

結果會如何？多數人發現，當他們體認到想法不過是一串文字，就像歌詞一樣，想法很快就喪失影響力。當然，那些文字可能是真的或假的，誇張或實際，嚴厲或公平，樂觀或悲觀，但這不是重點！重點很簡單：那些只是文字。一旦你能看清想法的真相不過是一串文字（有時附帶圖片），要放下便容易許多。

■ 練習：收音機大腦 ■

想像你的大腦是收音機，你可以像聽運動播報或新聞一樣地聽你的想法。注意聲音似乎在哪裡：是在頭部正前方或偏向一邊？注意說話的速度和

節奏、音量和音調，以及聲音停頓或減慢速度的情況。

　　剛開始試著這樣做五分鐘。有時候你會太沉浸在廣播的內容，以致忘了練習的重點。這完全正常。一意識到這種狀況，就要退後一步，再次像聽收音機一樣注意你的大腦：注意速度、音量、情緒、表達方式，不要耽溺內容。

■ 練習：順流而下的樹葉 ■

　　這是學習任由想法來去的典型 ACT 練習。你得撥出五分鐘來做，先讀說明幾次再嘗試。（對了，我的 CD《正念技巧》（Mindfulness Skills）第一卷錄了一些有用的練習，這是其中之一。請參考本書最後附錄的資源。）

1. 選擇一種舒適的姿勢。
2. 閉上眼睛或凝視一個點，緩慢深呼吸幾次。
3. 想像你坐在輕輕流過的河流旁。
4. 接下來五分鐘，每當腦中浮現一種想法，都把它放在一片葉子上，讓它浮在上面。如果你覺得視覺化（visualization）很難，只需想像移動的一塊東西或一大片黑色，將每一種想法都放在上面。所以如果你的大腦說，**這樣做太蠢了**，將這些文字放在葉子上，讓它浮在上面。如果你的大腦說，**這樣做太無聊了**，將這些文字放在葉子上，讓它浮在上面。如果你的大腦浮現的是畫面而不是文字，將每個畫面放在葉子上，讓它浮在上面。

　　你偶爾會被某個想法吸引住，忘了練習到哪裡。沒關係，這完全正常，你應該預期會一再發生這種情況。這只是讓你明白大腦可以多麼輕易將你拉進它的故事裡。當你一察覺到你忘了練習到哪裡，請重新開始。

如果你的想法停止，只須看著河流或那片黑暗。沒多久你的大腦又會開始聒噪。如果同樣的想法一直出現，也沒關係。每一次都只須將它放到葉子上。

請再看一次說明，然後將書放下，嘗試這個練習至少五分鐘。

結果如何？如果你經常做，這個練習真的可以幫助你培養脫鉤的技巧。理想的頻率是一天一兩次，每次 5 到 10 分鐘，但即使一周只做幾次也會有效果。如果你剛剛因伴侶做了什麼讓你心煩生氣的事而吵架，做這個練習很適合。事實上，任何時候只要你感到壓力很大或擔憂什麼事或大腦有千萬種思緒快速轉個不停，都很適合做。（如果你多半是聽到腦中的想法很像說話的聲音，又覺得練習「順流而下的樹葉」很困難，收音機大腦的練習更適合你。）

■ LOVE 和放下 ■

還記得第四章介紹過 LOVE 的縮寫字嗎？放下、打開心扉、依循價值觀、用心投入。請注意這四點其實是密切相關的。當你能放下指責、評價和批評，你會發現，打開心扉、依循你的價值觀、用心投入你做的事都變得容易許多。培養放下的技巧很重要，如此你才能有效地討論重要的議題，協商解決方案，當你受制於無益的故事時，才能調和彼此的差異。當你絕望地緊抓住過去時，同樣無法有效率地往前走。因此，你愈是能學習不把那些故事看得太認真，不再緊抓著過去的痛苦回憶，你的心理靈活性會愈大。放下是關鍵，花幾秒鐘緊握拳頭再放鬆也可以提醒你這一點。

此刻你可能會想，**全部都很有道理，很有助於面對我的想法。但感受呢**？是了，感受。當伴侶羞辱你或忘了你們的周年紀念，在公開場合讓你下不了台或說出將你傷得很徹底的話徹夜不歸、醉醺醺回來、衣服丟得到處都是、承諾早歸但從來沒做到、完全忽略你、沒有和你商量就做了重要的決定、做了其他千百種踩到你的地雷的事，這種時候你需要……

第 11 章
生命之吻

　　口對口人工呼吸這個名詞實在太無趣了，以前叫做「生命之吻」：你的唇覆在某人的嘴上，將空氣吹入他空洞無生命的肺。我想你會同意，舊名詞詩意得多。最棒的是你可以給自己生命之吻。當你的生命逐漸耗竭，當痛苦的想法和感覺讓你快要窒息，你唯一需要做的是正念呼吸。張開嘴巴吸氣，吸進肺部最深處。感受空氣進入的快感，就像夏季的大熱天喝一杯冷飲。

　　正念的目的是發揮生命最大的價值，充分擁抱每一刻，找出每一刻的豐富意義。這需要一定的心態：好奇和開放。因此，正念呼吸的意思是**真正注意你的呼吸，真正**全神貫注，真心產生好奇。進行正念呼吸時，你會注意到你的肩膀、胸部、腹部、鼻子通力合作，協調一致將空氣吸入肺部再呼出。你會感謝呼吸帶給你生命，不會認為這很理所當然。

■ 練習：正念呼吸 ■

　　賜予生命的呼吸不是讀書就能體驗的，你必須實際去做。因此，請閱讀下面的指示數次，然後試試看。這個練習的目標是緩慢做十次慢、深、正念的呼吸，專注將肺部完全清空，將最後一點空氣也全部排出。這很重要，因為你若沒有先完全清空肺部，就無法深呼吸。讓我們開始吧！

- 觀察氣體進出你的肺部，彷彿你是一個好奇的科學家，從來沒有呼吸過。注意呼吸的每個部分：氣體如何吸進鼻腔，肩膀和肋骨如何起伏。
- 同時間你的大腦會說故事讓你分心。任由那些想法來去，彷彿那只是家門外駛過的汽車。讓你的大腦喋喋不休，像在背景播放的收音機。
- 如果你沉浸在你的想法，忘了注意呼吸，這很正常。你可以預期這種情況會一再發生。如果這是你第一次做，你能維持十秒才「飄走」，已經表現很好了。因此，你一發現自己正在飄走，停下來承認這個現象，然後心平氣和重新專注在呼吸上。
- 觀察你的呼吸，彷彿那是搖滾演唱會上的主唱。主唱是你的注意力焦點，但不需要忽略舞台上其他的音樂家和表演者。同樣的道理，專注呼吸時，並不是要你忽略或抹掉或去除你所有的想法和感覺，或「讓腦中一片空白」。你還是會意識到想法和感覺，但注意力堅定聚焦在你的呼吸上。
- 現在就試試吧：正念的進行十次緩慢且深層的呼吸。

　　你做得怎麼樣？有些人覺得很容易，有些人覺得很難。多數人都會感到平靜，少數人剛開始會感到挫折。不論你的體驗如何，我希望你有練習的意願，你會發現這個簡單的正念呼吸技巧很容易變成你生活中最有用的工具。那就好像你在情緒風暴中放下船錨，風暴不會因此消失，但你會安穩度過。

■ 拋錨碇泊 ■

　　我要更仔細解釋前一段話。很重要的一點是了解正念呼吸並不是放鬆技巧。如果你願意，是可以把它變成放鬆技巧。如果你在沒有壓力和挑戰的環境練習，可能會讓你非常放鬆。但如果是在有壓力的狀況下練習，你不會

感到放鬆，事實上沒有什麼能讓你放鬆。那是因為經過幾百萬年的演化，每當你處於富挑戰性或威脅性的情況，身體就會產生「打或逃反應」。意思是你的身體會提高警戒準備逃開或留下來戰鬥：你的心跳會加速，肌肉緊繃，腎上腺素上升，產生強烈的感受如恐懼或憤怒。當你真的面臨富挑戰性的情況，已知的任何放鬆技巧都無法扭轉這種反應，你已經被演化設定成那樣。當致命的龐然怪獸張大嘴露出銳利如刀鋒的牙齒衝向你，你的腦子會要你以最快的速度逃離，或站穩腳跟把牠打跑。你的腦子**絕不會**要你躺下來放鬆。所以當你面臨富挑戰性或威脅性的狀況，放鬆技巧不會發揮作用。

當你遠離那種危險，顯然又是另一種情況。如果你曾學過放鬆技巧，你會從經驗得知這一點。當你坐在公園吃午餐，在臥室聽 CD，上完瑜珈課躺在地板上，坐在治療師診所的沙發上，這些技巧很有效。但當你處於真正富挑戰性的狀況，例如發表演說、考試、應徵工作、艱難地和伴侶討論痛苦的議題，這些技巧無法讓你放鬆。

所以正念呼吸最主要的作用是拋錨碇泊，讓你穩定下來直到風暴過去，但這不是讓風浪平息的神奇方法。這表示如果你把它當做沉穩定心的方法，而不是放鬆技巧，你會得到最好的結果。（如同前面說的，你**可以**把它當做放鬆技巧，但目前為止它的最大效益是前者。）

你可以將正念呼吸想成一種溜滑梯：讓你可以從大腦滑入身體。一旦進入身體，你便能控制你的手和腳，採取有效的行動。所以正念呼吸可以達到兩個有用的目的：一是讓你不會胡思亂想，一是讓你在痛苦中保持穩定。當你感到焦慮、生氣、不滿、擔憂、愧疚、忌妒、暴怒或只是受傷，做一點正念呼吸就可發揮神奇的效果。

至少有三個理由讓正念呼吸這麼有效。第一，緩慢深呼吸有助於緩和高度警戒的神經系統。這不是控制感覺的什麼魔法，但可以幫助你降低警戒，安頓在此時此刻。

第二，你正在呼吸的這個事實說明一件很重要的事：你活著。這是好消

幸福關係的防疫處方箋

息。只要活著，就代表你可以做某件有意義或有目的的事。第三，正念呼吸讓你有一點時間可以振作起來。當你的想法像全速運作的旋轉木馬，正念呼吸可以幫助你走下來，給自己一點「喘息的空間」。

所以你要將正念呼吸變成日常的例行練習。每當你感到壓力、憤怒、焦慮或孤單，不妨做幾次緩慢深度的正念呼吸，讓自己身心安頓。10 這個數字沒有魔法，3、5、7 次都可以。即使只做一次也有幫助，你可以在五、六秒的時間裡滑出大腦，進入身體，完全安頓地活在當下。何不趁著等紅燈、超市排隊時、電視廣告時練習？你愈是能將它變成日常的例行修練，做起來便愈自然。然後當你和伴侶衝突，那些強烈的感覺開始流竄全身，你將可以拋錨碇泊，採取有效的行動。

還有一點：如果你願意練習，你可以輕易將這個簡單的技巧變成密集的正念訓練工具。這當然不是必要的，但如果你有興趣，也願意努力，可以遵照下列指示。

■ 練習：正念訓練 DIY ■

如果你經常做這個練習，至少可以獲得三種好處：

1. 你將學會專注當下。如果你和多數人一樣，你會發現專注在你的呼吸上很困難，通常大約十秒就會被拉回腦中的世界。這個練習能鍛鍊專注當下的能力，「心思飄走」時能及時察覺，重新專注。如果你不會飄移到迷霧中，與伴侶失去連結，而能專注當下與他連結，想想看那將多麼有幫助！

2. 你將學會放下無益的想法。想像如果你能放下關於伴侶的所有無益的信念、評斷和批評；如果這一切對你的影響就像無用產品的電視廣告；如果你能任由想法來去，不會沉浸其中或被擺布，你的人生會變

得多麼輕鬆？你們的關係會有多大的改善？

3. 你將學會沉穩定心在當下，而不會被強烈的感覺沖昏頭。即使情緒在全身翻攪，你也會找到內在的平靜空間。

那麼這個練習怎麼做？很簡單。這次不是做 10 個正念呼吸，你要找一個安靜的地方，舒適地坐著，練習正念呼吸 5、10 或 15 分鐘，由你自己決定。練習愈久，愈能修練你的正念技巧。多數人一開始做 5 到 10 分鐘，一天兩次。但只要有做都有幫助，如果你一週只做 3 分鐘，也總比沒做好。（如果你喜歡依照聲音的引導，可以購買我的 CD「正念技巧」第一卷。請參考書後資源。）

■ 肯定不只如此吧？ ■

我知道你在想什麼：管理感覺一定不只如此吧！你完全說對了！情緒和感覺很複雜，有很多有效的因應方法。但正念呼吸是非常有用的工具，很值得培養。當風暴來襲時，你要拋錨碇泊，穩穩地停泊在港灣，然後你就能安全走上甲板觀察天候，不必和你的感覺對抗，而可以……

第
三
部

第 12 章
敘述與接受感受

　　偉大的哲學家沙特說過一句名言：「他人即地獄。」他只說對了一半，他人也是天堂。換句話說，最深刻的關係能帶給我們最可怕和最美妙的感受。可嘆的是我們無法只取「好的」，不要「壞的」。

　　「好的」和「壞的」附上引號，因為不管你相不相信，情緒其實並沒有好壞，以好壞來描述只表示評價機器又在作怪，讓你和自己的正常感受陷入角力。假設你評價一份工作為「壞工作」，你和這份工作的關係會是如何？如果你評價一個人為「壞人」，你和他的關係會是如何？如果你評價你的感受為「壞感受」，你和這份感受的關係會是如何？你愈是與之角力，感受反而會愈強烈。然後你會因為你的壓力而產生壓力，因為你的憤怒而生氣，或因為你的焦慮而焦慮。你甚至會因為擔憂你的不滿而產生罪惡感！

　　要體驗豐富的人生，就要感受所有的情緒。因此，談情緒的苦樂比談好壞更有用。在繼續讀下去之前，請先花點時間想想你的關係裡最主要的問題是什麼。認真的想，和你所有心理迷霧融合。這樣一兩分鐘之後，看看你能否說出與這些議題相關的痛苦感受。

■ 感受與因應感受的方法 ■

當你融入你的心理迷霧，會產生多少痛苦的感受？如果我們任由自己被評價和批評嚴重影響，很快就會墮入輕蔑、憤怒、挫折、不滿的黑暗深淵。如果我們沉溺在悲觀消沉的想法，很快就會陷入悲傷、絕望、挫折、失望、孤單和無望。如果我們的心思飄移到種種可怕的事情，很快就會在焦慮、恐懼、缺乏安全感、脆弱和擔憂裡跌跌撞撞。如果我們被受傷的感受吸引住，很快就會被悲傷、憤怒、受傷、不信任、不滿、報復、忌妒、愧疚、羞慚淹沒。如果我們緊抓住「這一切太難」的故事，就會墜入無助、絕望、沒有意義、冷漠的深淵。

這些都是很常見的感受。這些正是我們預期正常健康的人碰到關係不順時會有的情緒。現實與希望的差距愈大，浮現的感受愈痛苦。

隨著關係改善，緊張與衝突減少，痛苦的感受會較少浮現。但不論關係多好，可以確定的是總會有一些事情引發緊張，總會有衝突的時候，這意味著痛苦的感受遲早會回來。如果你懷有第八章提過的一些根深柢固的恐懼（擔憂伴侶會拋棄你、控制你或讓你「窒息」），尤其會有這種情況。

那麼當那些痛苦的感受出現時，沉浸其中對你有幫助嗎？分析那些感受、日思夜想、辛苦和它對抗有幫助嗎？任由那些感受擺布，告訴你什麼可以做，什麼不可以做有幫助嗎？你愈能處理好自己的感受，便愈能處理好伴侶的感受。正念可以幫你做到。首先你要體認當痛苦的感受浮現時，我們通常會轉換成兩種模式的其中一種：逃避或自動化反應。接下來要更仔細地分別探討。

◎ 逃避模式

逃避模式是努力以任何方式逃避或去除不要的感受。常見的方式包括分散注意力、退避、運用思考策略、使用物質。我們且快速看看這每一種逃避

方式。

分散注意力。你可能為了不要注意你的感受而去看電視、看書、打電玩、電郵、上網、社交、賭博、運動、努力工作等等。

退避。你盡量避開會產生不愉快感受的狀況。你可能實質上不和伴侶互動，刻意避開她，避免和他討論重要的議題。如果身體或情緒的親密會引發焦慮、不安全感或脆弱的感受，你可能也會避免親密。

運用思考策略。你可能會透過各種思考策略處理你的感受：釐清你為什麼有那些感受，反覆思考過去的事，過度責怪自己，責怪伴侶，告訴自己**我不應該有這種感受**，分析伴侶，和自己辯論，運用正向的肯定（positive affirmations），幻想離開等等。

仰賴物質。你可能為了將感受推開而將物質放入體內，如煙酒、冰淇淋、巧克力、披薩、洋芋片、處方藥、娛樂藥物等。

上述很多策略可以讓你暫時忘記痛苦的感受，但很少能夠持久。你可能已注意到，你的感受愈強烈，這些策略愈沒有效。如果你感受極度焦慮、憤怒或愧疚，吃巧克力、喝啤酒或看電視大概不會讓你好受多少。彈性適度地運用逃避策略通常不會有太大的問題，但若是僵化或過度使用，很快就會耗損你的健康、生命力和福祉。

舉例來說，如果你過度倚賴分散注意力，你會浪費很多時間做一些無法滿足或沒有意義的事。（坦白承認吧：你浪費了多少生命看沒有內容的電視？就連看電視這麼無傷大雅的事都可能毀掉關係——如果你因為看電視而太少投注時間心力在伴侶身上的話。）

同樣的道理，如果你太常採用退避策略，最後可能和伴侶的關係變得沒有溝通、孤立、疏離，讓你們的關係失去所有的親密和坦誠。若是思考策略做得太過，你可能會浪費很多時間困在腦中的世界。你愈是仰賴將物質塞進身體，最後愈可能出現健康方面的問題，從體重增加、生病甚或成癮都有可能。

因此，你愈是仰賴逃避來處理感受，生活品質愈糟。這並不是說逃避感受這件事本質上是「不好的」，我們有時候都不免逃避，唯有過度或不當的逃避才會構成問題。如果某種逃避策略不會傷害你或你的關係，那就沒問題。但如果會耗損關係的活力，或讓你無法做出重要的改變，那麼我們會說那是「不可行的」，設法改善才是明智。

◎ 自動化反應模式

自動化反應模式的意思就如字面所說的：當強烈的感受浮現時，你任由感受擺布，彷彿你是沒有自由意志的機器人。這時你變成「被動反應的伴侶」，不假思索或衝動行事，幾乎沒有覺察自己在做什麼。舉例來說，當憤怒浮現時，你像傀儡一樣任由憤怒擺布，大吼或斥責，出言傷人，或是大步走出房間還甩門。或者當忌妒浮現時，你可能沒有理由地大發雷霆，開始監控伴侶，或做出不公平的指控。或者當恐懼浮現時，你任由恐懼指揮你的一言一行：你可能會躲起來，避免任何風險，或逃離挑戰。

如果你的人生遵循這種模式，最後通常會做出將來懊悔的事。你會欠缺自我覺察（甚至完全沒有），常常沒有細想就採取輕率行動，結果常會做出與你的核心價值觀相違背的事。

■ 你還有什麼選擇？ ■

逃避和自動化反應之外還有接受與覺察的模式。我們採取**接受模式**時，不會試圖去除情緒，而會學習打開心扉接受情緒，給情緒空間，任其自行來去而不會阻礙我們。還記得第四章提到的縮寫字 LOVE（放下、打開心扉、依循價值觀、用心投入）嗎？接受就是其中的打開心扉。打開心扉接受你的感受不表示你喜歡、想要或認同那些感受，只表示你讓它在那裡，保留空間給它，不浪費時間心力對抗它、壓抑或逃離它。

覺察模式不言自明：意指你不再處於不假思索的機械反應模式。而能完全意識到你的感受和行為。以 LOVE 的詞彙來說就是「用心投入」，全神貫注在此時此刻發生的事。當你充分察覺正在發生的事（包括你周遭的事和你內在的狀況），你就能掌控你的手腳，按照你真正希望的方式去做。當你處於覺察模式，不論你的感受多麼強烈，你都不會被它控制。你不再是被擺佈的傀儡，不論情況多麼富挑戰性，現在你可以**選擇**你要怎麼做。

正念是既覺察又接受的心理狀態。當你在正念的狀態下，你會意識到你的感受，接受這些感受。這表示感受對你的衝擊和影響會小很多，你能自由地依循價值觀行事，全心投入你正在做的事。

■ 為你的感受命名 ■

如果你要有效處理你的感受，就為它命名（NAME），這個縮寫字代表：

N——注意（Notice）

A——承認（Acknowledge）

M——給予空間（Make space）

E——擴展覺察（Expand awareness）

接著我們就一步步探討處理感受的這些步驟。

◎ 步驟一：注意

當強烈的感受浮現，第一步是單純注意它的存在。有時候這並不容易。事實是你的情緒愈強烈，就愈難注意。主要有兩個理由。

首先，成年後的你對自身情緒的習慣性反應已經根深柢固，你成了靠自動化反應過生活的專家，自然而然就不會去注意你的感受，直到已經依感受行事了才發現。要改變這個習慣需要一些練習。

第二，當強烈的情緒浮現時，你的大腦常會陷入激昂的狀態。你的心理迷霧風起雲湧，變得更濃更暗更黏稠，很快你就完全迷失其中。你愈是融入其中，就愈沒有覺察力。因此，若要有效處理情緒，你必須先驅散迷霧。這時便需要正念呼吸：

- 先完全呼氣，將肺部的空氣全部排出，然後從肺臟底部往上填滿空氣。
- 同時注意呼吸的進出。你可以將呼吸想成逃生通道：幫助你從大腦滑入身體。
- 你可能發現對自己說一些話很有幫助，例如「放下」「後退一步」「放下這個故事」——或是幽默一點的如「拜拜，迷霧」「大腦，下回見。」（這不是必要的，但很多人覺得有助於脫離糾結。）
- 接著將你的覺察點從呼吸移到身體，注意哪裡的感受最強烈。我們通常在身體的某些部位會有強烈的情緒：多半在額頭、下顎、頸部、喉嚨、肩膀、胸部或腹部。檢查一下你的身體，花幾秒鐘從頭到腳檢視一遍，聚焦在感受最強烈的地方（不論在哪裡）。
- 注意這個感受開始和結束的地方，它的邊緣在哪裡？是在表面或內部深處？是靜止或會移動？是什麼溫度？是否有較熱或較冷的地方？盡可能多注意，彷彿你是好奇的科學家，從來沒有遇到過這樣的情形。

◎ 步驟二：承認

一旦你注意到身心的感受，下一步是坦白承認其存在。做法可以是簡單的自言自語，告訴自己：「這是憤怒的感受」「這是不安全感」。依據 ACT 理論，我們會鼓勵你以這種方式敘述你的感受，而不是說「我很憤怒」「我很不滿」。為什麼？因為當你說「我很愧疚」「我很悲傷」，聽起來似乎你就**等於**你的情緒，也就會讓情緒變得彷彿比實際上更嚴重。依據 ACT 理論，

我們會希望你明白你**不等於**你的情緒，就好像你**不等於**你的想法。想法和感受來來去去，從你身旁經過，就像雲飄過天空，那是短暫即逝的東西，不斷在變幻，不能與你畫上等號。我們習慣說：「我很生氣」，就連這句話都不如改為「我正產生憤怒的感受」更好。請注意後者如何幫助你稍微從那個感受退開一些。

更簡單的做法是用簡單的字詞敘述你的感受：「憤怒」「愧疚」「恐懼」「悲傷」。如果你不太能確認是什麼情緒，可以用模糊的名詞，如「痛苦」「受傷」「壓力」。

要能接受現實，承認是很重要的一步，表示你的心態是「務實的」，亦即你能接受這就是你此刻的感受。那就像在薄冰上溜冰：要有效因應情勢，第一步就是承認冰層很薄。

請注意：不帶評價地承認你的感受很重要。如果你告訴自己：「又是那個可怕的感受！」那比較可能導向逃避，而不是接受。

◎ 步驟三：給它空間

當痛苦的感受浮現時，我們常會環繞著那個感受繩得很緊。我們不會給痛苦空間，而會想要將它擠出去、壓碎或推開。這就好像將一匹憤怒或害怕的馬關進小鐵籠裡。馬匹會猛踢四壁，拼命衝撞，發狂想要逃脫——，過程中會造成很多破壞。但假想你將馬釋放到開闊的空間，讓牠可以盡情奔跑。很快地牠會耗盡精力，平靜下來，什麼傷害也沒有。同樣的道理，我們面對強烈的感受時可以學習打開心扉，給它很多空間，它就會耗掉精力而不會傷害我們。呼吸可以幫助你做到這一點：

- 深呼吸。想像你的呼吸進入並環繞身體裡存在那個感受的地方，這時彷彿你的內在神奇地擴展出一個空間。那是打開心扉的感受，是保留空間給所有不愉快的感受。

- 看看你是否能讓感受留在那裡，即使你不想要那個感受。你不需要喜歡或想要那個感受，只是容許它在那裡。
- 這不是去除感受的聰明方法，只是和它和平共處；停止對抗或逃離它。
- 你可能發現稍微和自己說說話有幫助。也許可以對自己說：「打開心扉」「給它空間」「順其自然」。或者也可以試試較長的句子：「我不喜歡，也不想要這個感受，但我可以給它空間。」
- 繼續將氣吸入感受所在的周遭。一點一點打開心扉，給它愈來愈大的空間。
- 這個練習的時間長短你可以自行調整，可以是一分鐘，也可以是二十分鐘。經過練習後，你可以十秒完成整個練習，大約是一次緩慢深呼吸的時間。

◎步驟四：擴展覺察

最後一步是擴展覺察——換句話說，你要伸出雙手與周遭的世界連結。生命就像華麗、不斷變幻的舞台秀，舞台上是你能夠思考、感受、看見、聽見、觸摸、品嘗、嗅聞的一切。你身體裡的這個感受只是舞台上的一個演員。有一瞬間（步驟一到三）你將舞台上的燈光調暗，將聚光燈直接照到那個感受上。現在是該將所有的燈光打開了。注意整場舞台秀你能看見、聽見、觸摸、品嘗、嗅聞的一切。環顧四周，你在哪裡，在做什麼，和誰在一起？你能看見、聽見、觸摸到什麼？

你在做這些事時，你的感受依舊在那裡，但你保留空間給你的感受，讓它可以待到它決定離開的時候。同時你可以依循你的價值觀自由作為。所以你要擴展覺察力：伸出雙手與周遭的世界連結。不要轉向內在，把自己封閉起來，而要轉向外打開心扉，讓你的價值觀慢慢指引你：你要問自己「此刻我想要採取符合價值觀的什麼行為？」如果有某種有意義或重要的事是你現

在可以做的，現在就做吧，不要等到「感受比較好」才做。

■ 為什麼要這麼麻煩？■

　　只要是重要的關係，是你會花很多時間和另一個人相處的關係，就必然會引發痛苦的感受。所有的關係都是如此：不論是與朋友、家人、子女、父母。只要你與另一人相處的時間夠久，對方遲早會讓你感到失望、氣惱、無法滿足你的需要，或是做出讓你生氣、承受壓力、擔憂的事。這是無法避免的，正如你無法避免冬去春來。

　　不論在什麼關係裡，你的感受都會不斷改變——開心變痛苦，甜蜜變折磨。但不要因此沮喪。只要多加練習，你可以學會保留空間給這些感受，任其來去，既不逃避也不讓它控制你。這適用於任何感受：不論是恐懼、憤怒、悲傷或孤單。你愈常練習，你和伴侶的收穫愈大。

　　我聽到你在抗議：「但我不能吵到一半時做這一切。」你說得完全對。剛開始你需要在自己的時間空間練習這個技巧。例如每當你感到壓力、挫折、焦慮、憤怒、緊張時就可以練習三十秒到一分鐘的 NAME，每天五到十次。

　　若是在家裡感到整個人激動起來，可以更深入練習，做法是：

- 找一個舒適的地方坐下來，練習 NAME 的四步驟：注意、承認、保留空間、擴展覺察力。
- 秉持真正的開放和好奇觀察你的感受，彷彿你是一個科學家，正在研究自然界某種驚人的奇蹟。
- 你在觀察你的感受時，繼續將氣吸入感受的所在。
- 你會不時飄移到你的心理迷霧裡。這很正常，你一意識到這件事就要把注意力重新拉回到呼吸上，然後透過呼吸回到身體裡。

你可以這樣練習五到十五分鐘左右，視情況而定。剛開始做五分鐘很適合。（這個練習同樣錄在《正念技巧》第一卷，請參考書末的資源。）

多練習幾次，慢慢的你**將能**在吵架時做這件事。你將能注意到自己激動起來，也能拋錨碇泊，而不會失控。伴侶會說一些挑釁或敵意的話，你的身體裡會有各種感受洶湧起伏：受傷、憤怒、恐懼、挫折、絕望等等。但你可以將氣吸入那些感受的所在，保留空間給它們，保持專注當下。

當然，一定會有某些時候你太沉浸在衝突裡而忘記做這件事，這是人性使然。這時候你可以練習 NAME 技巧。與其吵架**之後**暴走，整個人沉浸在腦中的世界，無止盡地重播爭執過程，為了伴侶說過做過的言行煩惱，練習正念是健康許多的做法。

■ 接下來呢？ ■

所以你拋下船錨，驅散迷霧，保留空間給你的感受，接下來呢？接著你要記住你的價值觀，據以引導你的行為。希望你已經開始這麼做了，而且接下來你會更常這麼做。省思與依循價值觀行事是持續的過程：理想的狀況是你能不停歇一直維持這樣，直到生命的終點。你要每天自問：「我今天可以做什麼小事來深化與強化我的關係？我可以透過那些言行來改善？」依循價值觀可以有各種不同的表現方式，好比說對不起，幫忙倒垃圾，買花送伴侶，鋪床，分享好玩的故事，在床上依偎，主動洗碗，幫伴侶按摩，問伴侶「今天過得怎麼樣？」或說「我愛你」。

所以我們探討了放下、打開心扉及依循價值觀。接著，談談如何用心投入。

第 13 章
看我！看我！

　　一個晴朗的午後，小女孩在公園騎腳踏車順坡而下，一邊興奮尖叫。她放開手把，雙臂高舉空中，大叫：「看我！看我！」母親看著，露出很開心的笑。

　　一對年輕的夫妻坐在點著燭光的餐桌前，他握著她的手說：「妳的眼睛好美。」

　　「真的嗎？」她問。

　　他默默點頭，兩人如夢似幻地凝視彼此的眼睛，渾然不覺餐廳裡還有其他人。

■ 全神貫注的禮物 ■

　　你可以給另一個人的最大讚美是全神貫注在他身上，如此可讓對方感覺他很重要，你很在乎他。他會知道他在你心中很有份量。反之亦然，當一個人真正專注在你身上，當你能引起他的興趣，你會感覺很好，不是嗎？

　　想一個你很欣賞的人：你最喜歡的電影明星、運動員、作家、搖滾明星、世界領導者，一個你在毫無顧忌的幻想中會想要和他見面的人。假設這人突然走進房間，你會全神貫注在他身上嗎？當然會！你會「如饑似渴地關

注他的一舉一動」。你會注意到他穿什麼衣服，看起來怎樣，正在做什麼。他說話時你會滿懷興趣地聆聽。你會注意他的臉部表情和語調，迫不及待要知道他的意見，不論他說什麼你都認真思考。如果他有什麼怪癖，你大概不會嚴厲評斷，而會接受那是他比較異於常人的特點。你當然不會因此不開心或認為是針對你。你大概會感覺有些緊張或焦慮，我們在欣賞的人面前通常如此，但為了多和他相處，你會保留空間給這些感受。

在這種情況下，你的表現就是全神貫注，你對這樣的經驗抱著好奇和開放的心態。這種時刻你會感覺與對方有深刻的連結，能真正意識到此時此刻正在發生的事，而不會深陷腦中的世界。這就是我所謂的**用心投入**。

你和伴侶在關係初期都很專注在彼此身上，對彼此感到好奇，都很「活在當下」。慢慢地，魔力逐漸消失。這沒什麼異常，我們每個人都是如此。原因是：

你的大腦會將伴侶描繪成某種樣子，然後將畫中人當成本人。但畫是靜態的，不會改變。一段時間後，你熟知那張畫的每個細節。拜託，你都看了它千萬次了，那可不是什麼傑作，於是你逐漸失去興趣。你可能還是會欣賞它，但它不再能緊緊吸引住你，於是枯燥感一點一點滲進來。你偶爾確實會停下腳步審視它，但隨著時間流逝，你似乎注意到愈來愈多瑕疵：潦草的筆觸或畫布上的裂痕。如果你繼續看下去，最後終會討厭那張畫，簡直希望從來沒有見過它。

很多關係都會經歷這個過程：從迷戀到無趣到輕蔑。但這不是不可避免的。如果你也走在同樣的路上，你可以透過正念快速扭轉：但不是專注在呼吸上，而要專注在伴侶身上。你要全心全意投入與他的互動，注意她的臉孔、嘴唇、眼睛、姿態和動作，留心他的聲音和遣詞用字，真心對她的想法和感覺好奇，對他看待世界的角度產生興趣。伴侶現在變成你的錨，當你飄移到自己的想法裡，你要意識到，將心思拉回到伴侶身上。

正念能幫助你將人與畫分開。你明白這個人的深度遠超乎任何靜態的畫

能夠描繪的，你明白那是一張誇張的畫：將這個人的少數特質混合成簡略的卡通圖。仔細看那張畫，你會發現不過是畫布上的層層顏料。但仔細看真實的人，你會發現恰恰相反：你會看到深度、生命和意義。

英文「投入（engage）」源自兩個法文字：en 代表「做出」，gage 代表「承諾」。當你充分投入與伴侶的互動，你就是在實踐友誼、關懷和尊重的承諾，就是從一個比語言更深刻的層次傳遞這樣的訊息：**我尊重你，關懷你，在旁邊支持你**。

投入與伴侶的互動有時候很難，你的大腦會想要讓你分神，會告訴你一則又一則的故事，希望其中某一則會抓住你的注意力，有時候也真的會成功。但你可以將放下的功夫做得愈來愈好。你可能也會發現痛苦的感覺構成阻礙，尤其是不平和憤怒。但你可以讓自己愈來愈能夠打開心扉，保留空間給那些感覺。

另一個潛在的阻礙是自動化反應：照章行事，忘了什麼才是真正重要的。但你可以學會與你的心連結，有意識地依循你的價值觀行事。

然後你會發現 LOVE 的四個元素密切相關；放下、打開心扉、依循價值觀、用心投入其實是同一塊鑽石（心理靈活性）不同的四個面。愛的**感受**來來去去，愛的**行動**卻是隨時隨地都可以做的，不論當下是什麼感覺。你愈能實踐愛的行動，你們的關係就會愈美滿。

■ 承諾不只是靠婚戒 ■

關於用心投入我們談了很多，現在是該付諸實踐了。這裡提供與伴侶連結的幾點建議。你在進行每一項時要放下所有的評斷或批評，如果你意識到被大腦拉走，只須承認，再心平氣和地把注意力重新拉回來。

留心表情。注意伴侶的臉部表情，眉毛、額頭、嘴巴周遭的線條皺紋。看看你能否追蹤她的情緒變化。仔細觀察，彷彿你花了一筆錢觀賞一個傑出

演員的表演：她的臉在表達什麼？

注意身體語言。注意伴侶如何移動身體：包括他的肩頸、手臂、雙腿和手腳。注意他如何進入車子、爬樓梯或從走道走過來，彷彿這是你第一次看到他做這些事。注意他說話時的手勢，他的姿態如何隨著情緒而變化。仔細觀察，彷彿你是友善的人類學家在觀察一個原住民，而且還是來自某種失落已久的文明。

留心說話方式。注意伴侶如何說話：聲音的節奏和音色，用詞遣字，速度和韻律，情緒的弦外之音等。

注意情緒。練習上述每一項：同時注意伴侶的臉孔、身體、說話。目標是察覺對方的情緒，感受伴侶的感覺。

培養好奇和開放的心態。我們說話時總希望對方會注意聆聽，喜歡知道對方很感興趣，即使不贊同也願意聽聽我們的想法和觀念。如果對方看似覺得無趣、注意力分散、抱著敵意、批評或不當一回事，我們會覺得不舒服。與伴侶互動時，你可以透過幾個方法培養好奇和開放的心態：

- 提出問題，讓你能夠從伴侶的角度看世界，例如「你對那件事有什麼感覺？」或「你怎麼看那件事？」
- 伴侶說話時要注意聆聽，彷彿你的主要目標是讓他感覺很重要，你很在乎他。
- 抱著想學習的心聆聽：要發掘伴侶的感覺和想法，要更了解她怎麼看世界。
- 抱著想和伴侶連結的心聆聽：想要從一個比語言更深刻的層次互動和連結，要讓伴侶知道你是他的後盾，你在乎他。
- 放下大腦告訴你的無益故事。你知道是哪些故事：**又來了，老是那一套。你根本不懂。我真希望你自己想清楚，我們就不必再討論。我完全知道你要說什麼。我才懶得聽。**你無法制止大腦丟出這些想法，但

你可以任其自由來去，彷彿那是從你家門口經過的車子。

- 要讓你的這些努力更容易，你可以假裝這是第一次約會：你不只想要給對方留下好印象，也想要更了解對方。提出問題，帶著真正想要多了解對方的心去聆聽她的反應。展開發現之旅，而不是假設你已經了解他。**切記**：畫像不等於本人。把握每次機會將畫擺在一邊，看看畫像背後有血有肉的那個人。

■ 何必這麼麻煩？ ■

何必做這麼多辛苦的事，直接不要理會，心不在焉地聽，改變話題，說出你的意見和觀念，不管伴侶怎麼想，不是容易許多？答案是：因為這樣才能免於無趣和失去連結。如果你沒有刻意努力保持好奇、開放、專注，你對伴侶會愈來愈沒有興趣，愈來愈不滿意——反之亦然。

■ 如果伴侶有意願 ■

這兩個練習非常有助於培養和提升你的正念技巧。第一個練習相當富挑戰性，第二個簡單一點。

■ 練習：正念凝視 ■

這個練習比較不適合膽小的人。多數夫妻覺得非常有效，但有些人可能會感到不安。有一點可以確定：除非你們倆都百分之百願意嘗試，否則不要嘗試。如果任何一方感覺被強迫，可能會造成嚴重的反效果。通常只要五分鐘就足夠，但你可以隨自己喜歡縮短或延長。任何一方都可隨時喊停：「好，現在這樣就夠了。」先讀完步驟和解說，再開始這個簡單的練習。

- 面對面坐著，膝蓋碰膝蓋。
- 接下來五分鐘，專注凝視對方的眼睛，不要說話。

　　你的目標是創造深刻的連結，完全專注在對方身上。不要把它變成瞪眼比賽！你的唯一目標是建立深度連結，讓伴侶知道他是你此刻百分之百專注的對象。

　　你可能會產生不自在的感覺。這時你可以將氣吸入那個感覺，保留空間給它。你的大腦會想要讓你分神，你要讓那些想法自行來去，就像經過家門口的車子或順流而下的樹葉。偶爾你會飄移到大腦裡，這很正常，也是不可避免的。你一意識到這種情況，只需心平氣和地重新專注。如果你開始發呆，要把意識拉回來。如果你笑出來，不用停止，就自然的笑，但要保持連結，一邊笑一邊繼續凝視伴侶的眼睛。如果你顫抖或臉紅或哭泣也是一樣。

　　現在請再閱讀一遍說明，然後試試看。

　　事後討論發生了什麼事。你的大腦試圖用什麼方式讓你分神？過程中浮現哪些不舒服的感覺？真正專注在另一個人身上有多困難？你們中間有任何人嘗試中斷練習嗎？（例如做鬼臉或發出可笑的聲音）如果有，是想要避免何種不自在的感覺？

■ 練習：專注摟抱 ■

　　這個練習沒那麼具挑戰性。方法和上個練習一樣，但這次不是要凝視對方的眼睛，而是要摟抱或擁抱幾分鐘。要正念地擁抱：就像第一次摟抱對方一樣。注意身體緊密接觸的部位，以及那個地方感覺到的溫暖和壓力。注意到呼吸的節奏，注意到手指底下的感覺，注意你能看到、聽到、聞到什麼。讓你的想法自行來去，保留空間給你的感覺，完全專注在你們之間的身體連結。

事後討論發生了什麼事。你的大腦試圖用什麼方式讓你分神？過程中浮現哪些不舒服的感覺？真正專注在另一個人身上有多困難？你們中間有任何一人嘗試中斷練習嗎？如果有，是為什麼？

嬉皮有一句著名的口號：「不要作戰，要做愛！」這是美好的理想，但談到親密關係，戰爭恐怕是不可避免的。不過，如果我們能將 LOVE 帶進戰爭，就能改變戰況。那麼廢話不多說，我們就趕快進入……

第二部

第 14 章
爭吵的核心

　　世界上有兩種夫妻：會吵架的以及你不太熟識的。有時候我們看到一對夫妻似乎非常幸福美滿，看起來非常匹配，有同樣的興趣、欲望、品味和享受生活樂趣的心態。我們心想：「哇！我和伴侶的關係為什麼不能像他們一樣？」我們立刻又被吸進「完美伴侶」的故事，忘了我們只看到這對夫妻的細微片段，根本不知道關起門來是什麼樣子。說不定一回到家就激烈爭吵。我們完全不知道他們生病或疲倦、脾氣不好、無聊、煩躁時是什麼樣子，說不定整個晚上對彼此大吼、咆哮、尖叫。但我們的大腦會很便利地忘記這點，它會告訴我們，這對夫妻的關係一定很圓滿，健康的關係就應該是那樣，我們的關係一定有問題才會那麼常吵架。

■ 學習放下 ■

　　你是否曾經讀過那種童話故事般的婚姻，時尚雜誌上報導的那種？兩個有錢、有才華、性感、美麗的電影明星結了婚，看起來是那麼快樂、速配、相愛。我們心想，真是天造地設的一對，**他們一定不會像我們一樣吵架，尤其擁有那麼多財富、光鮮亮麗的奢華生活。他們哪有什麼好吵的？**誰知半年後竟離婚了，還告訴全世界他們的婚姻有多糟。

如果你準備讓自己完全被束縛，壓抑你的所有欲望，讓你的生活停滯不前，對伴侶百依百順，從不抗議或要求你想要的，那麼你或許可以永不吵架地勉強過下去。但你和你的生活要為此付出什麼代價？要營造健康的關係，你必須尊重你的價值觀、目標、希望和需要，不只是伴侶的。有時候這可能會導致吵架。知名的人際關係專家高特曼（John Gottman）研究過幾百對夫妻，找出決定關係成敗的因素。他的研究清楚顯示，關係健康不是因為少吵架，而是與吵架的方式有關（Gottman and Silver, 1999）。如果吵架的方式充滿惡意刻薄——不但瀰漫著濃濃的輕蔑和不滿，還不斷丟出嚴厲的批評和刺耳的羞辱——兩人都會嚴重受傷。但如果是友善的爭執——帶著友好、坦誠、輕鬆，沒有輕蔑、評斷和不滿——過程只會輕微受傷，很快就會復原。

這很有道理，不是嗎？你知道和好友輕鬆口角的感覺。你不會深深受傷或被冒犯，很快就會忘掉。你也知道爭吵「惡化」是怎麼回事：唇槍舌劍，惡意難聽的話全都出籠。這時候你確實會感覺受傷害，被冒犯；復原也困難許多。那麼 ACT 如何幫助我們每個人以更公平的方式吵架？

如果你迷失在你的心理迷霧裡，就無法有效討論問題。如果你連山谷都看不見，如何能去探索？但如果你能夠不再執著於所有無益的故事，就會發現討論起來更有建設性。放下的方法包括為故事命名，找出最常爭執的點，善用幽默感，重新省思「我對你錯」的故事。接下來我們就來一一探討每一種方法。

◎ 為故事命名

第九、十章談過為故事命名，你可以將同樣的方法套用到重複出現的爭執。首先，找出「經典爭執」：你們一次又一次，年復一年吵、但從來沒有達成任何有用結果的議題。對多數夫妻而言，這類爭執包括：財務、家事、假期、家庭責任、重大採購如汽車或房子、社交、性、孩子的教養、事業、工作與生活的平衡、與親戚朋友的關係（尤其是姻親）。挑出你的一項

「經典議題」，想想看：如果這是一本小說，你會給它什麼書名？你可以自己想，但如果能和伴侶一起想，抱持幽默感去想更好。從此之後，當你們之中一人注意到這則故事，就可以說：「糟糕，看來我們又陷入家事的故事了。」這可以提醒你拋錨碇泊：正念呼吸，專注當下。

◎ 找出最常爭執的點

這個方法是我的妻子卡梅兒想出來的。有一天我們談到我們的「經典」爭執：保持家裡整潔、拜訪親戚、花錢等等。我們對這些棘手的問題鮮少意見一致。談到家裡的整潔，她認為我的標準太低，我應該更努力保持家裡整齊乾淨。反之，我認為她的標準太高，製造出很多不必要的額外家事。

關於拜訪親戚，我認為她花太多時間和家人在一起，她認為我花太少時間。關於金錢，我認為她花太多、太隨興，她認為我太節儉、太謹慎。我們在這每個問題都不曾有多少進展，也開始意識到我們可能永遠不會達成共識。有一天卡梅兒說：「這些爭執簡直就像我們的寵物，我們餵養它，不時帶出來運動。」我們都覺得這個說法很有趣。這麼多年來我們一直想要丟掉寵物呢！可憐的小東西！一定覺得被拋棄，沒人要！我們不能偶爾疼愛它一下嗎？

如果你將爭執看成寵物，突然間似乎就不覺得那麼嚴重、那麼麻煩了。寵物和你住在一起，你會餵牠，照顧牠。祕訣是你得訓練牠：立下基本規則，以免失控拆了你的房子。很多夫妻發現嘗試這個概念很有用。如果你們重複爭執的點是動物，會是哪一種動物呢？長什麼樣子？（不同的爭執可以用不同的動物代表，也可以都是同一種。）你會為牠取什麼名字？

如果伴侶有意願，可以一起做這個練習，從中得到樂趣。然後實際嘗試看看。例如當你意識到緊張升高，你可以說：「看來寵物又逃脫了。」我和卡梅兒一向習慣在漫長的汽車旅程中爭執。現在只要其中一人在旅程一開頭說：「所以我們要帶著寵物出門囉？」或「你有特別想帶哪隻寵物嗎？」結

果就不會吵起來。

◎ 善用幽默感

要秉持著 LOVE 的原則吵架，關鍵是放輕鬆：幽默和輕鬆可以發揮很大的作用。你們何不協議好某種幽默的訊號或語言，讓兩人都可用以提醒彼此放下？例如你們可以用卡通人物跌下懸崖時的音調說「放—下—！」發揮創意，只要是兩人都有共識的語言、聲音或姿態都可以達到這個目的。但必須是兩人的共識，否則一方可能用這個字詞讓對方生氣或煩躁。

◎ 重新思考「我對你錯」的故事

我們在第七章簡短檢視過這則故事，這是很容易引發衝突的導火線，有必要重溫一次。大腦會告訴你許多故事，緊緊抓住你的注意力，其中「我對你錯」的故事可能是最有說服力的。你是否曾經和某個沉浸在這種故事的人討論過事情，對方一直堅持他才是對的？那是什麼感覺？對於你和那人的關係有什麼影響？

「我對你錯」的故事會以各種形式表現。以麥可為例，表現的方式是：「我們必須把錢投資在股票和債券上。我做過研究了，我知道什麼值得投資。這就是我們要做的事。」

以麗莎來說則是：「嬰兒不是這樣抱的。不對，不要那樣餵奶瓶。不對，尿布不是這樣包的。」

吉姆的說法則是：「你不知道你在說什麼，讓我來處理。」

克莉絲蒂會說：「你為什麼每次都要對孩子那樣大聲說話？讓人無法接受。」

這種故事有太多太多版本。「都是你的錯。」「你每次都這樣。」「你從來不做那件事！」「你根本沒在聽。」「這樣做才對。」「不對，我們要那樣做。」「不要告訴我該怎麼做。」

傳遞的訊息都一樣：「我才是對的，你錯了。所以，退到一邊，閉上嘴巴，照我說的去做！」這個訊息會以很多種態度表現：頑固、傲慢、自以為是、自我中心、輕視別人、堅持你的做法、拒絕妥協、自作主張，完全沒讓伴侶有機會參與意見，結果必然會引發挫折、衝突和緊張。這種故事通常會和很多無益的評斷綁在一起：「對的」伴侶自認較聰明、強大或某方面較優越，常會評斷「錯的」伴侶較差勁或某方面不如自己。如果你被認為是「錯的」一方，你會有什麼感覺？

另一方面，當你緊抓著「我是對的」，又會有什麼感覺？這確實會為多數人帶來力量（如果我們夠誠實的話）。我們通常會自覺強大又站得住腳，整個人精神煥發，躍躍欲試、充滿力量、隨時可以戰鬥。但問題是我們會將這份力量全部導向造牆，豎立起厚厚的高牆將伴侶阻隔在外。在牆的這一邊，每塊磚都用醒目的字體寫著：「我是對的！」難怪我們會感覺這麼有力量。伴侶那邊看到的景象就沒有那麼美好了：每塊磚都寫著「你是錯的！」

這道牆讓人無法親近或連結，不利團隊合作，也無助促進友誼、樂趣或親密。如果你要營造健康的關係，就必須把牆拆掉。

所幸只要你願意，這不會太難，因為這不像真的牆是磚塊水泥做的，而是態度、信念和評斷構成的。拆牆的方式就和驅散迷霧一樣：放下執著。當你拿掉磚塊，高牆自然倒下。

所以首先要為故事命名。你可以選擇較明顯的：「『我對你錯』的故事又冒出來了！」或者你可以帶著幽默對伴侶說：「嗯，是我自己胡思亂想嗎？還是我們又在玩誰對誰錯的遊戲？」你也可以想出好玩的名稱：全部交給我的故事，萬事通先生的故事，照我說的做就對了的故事。同樣的，如果兩人對名稱有共識，效果會比較好，這樣就能輕鬆使用名稱而不會讓任何一方感到被冒犯。

命名的目的是幫助兩人在那個現象出現時能體認到。如果你知道它在那裡，也知道沉浸在那樣的故事可能會有什麼結果，便比較可能與之脫鉤。如

果伴侶不願意配合,你永遠可以自己運用這個技巧。你可以對自己說:她又在玩對與錯的遊戲了。

　　一個重要的提醒:你一定要以自己為對象練習這個技巧。每個人都會沉浸在「我對你錯」的故事,但通常我們很容易在伴侶身上看到這一點,卻很難看到自己也會如此。但仔細觀察你就會發現,你可能會在伴侶背後批評她,沒有徵詢伴侶的意見就自己做出重要的決定,或在心裡重播她曾經說過做過的所有「錯誤」言行。明白之後你可以承認:「糟糕!剛剛又完全沉浸在那則老故事了。」然後深呼吸後任其來去,回到當下,注意你身在何處,正在做什麼。你要問自己:「此刻我是否可以做什麼更有用的事,不要沉浸在這則故事裡?」

　　有時候你為故事取名了,但發現就是很難拋開。也許你們剛剛的爭執以激烈或痛苦的方式結束,也許你重複播放昨晚或上週或上個月的爭執,也許有太多傷害、不滿、憤怒,讓那則故事更火上加油,感覺更加嚴重。若是如此,你要自問:「我要自己是對的,或有愛的?我要自己是對的,或是營造幸福的關係?」答案有助於將你拉回現實。

　　有時候荒誕的脫鉤技巧可能有幫助。試著把你的想法唱出來,或用好笑的聲音說出來,或想像寫在大大的生日蛋糕上(用巧克力糖霜寫的)。或者你可以找一個安靜的地方,做第 10 章介紹的「順流而下的樹葉」練習。花幾分鐘的時間靜靜坐著,將每一個自以為是、報復、不滿、傲慢、自我感覺良好的想法放到一片葉子上,讓它順著河流慢慢流走。

■ 如果伴侶有意願 ■

　　我會給夫妻一張小卡片,讓他們放在方便取得的地方,例如壁爐上或冰箱門上。卡片的一面寫著:**我是對的,你是錯的!**另一面寫著:**我們可以拋開這個故事,做點有用的事嗎?**做法是當他們意識到正在發生的事,其中

一人可以拿著卡片給另一人。這個技巧可以輕易打斷爭吵，提醒兩人拋開那則故事。你可以自己試試看，依照你的風格改變內容。你甚至可以寫數張卡片，放在不同的地方。

■ 爭奪最後一句話 ■

要終結爭執，你可以做的最有用的一件事是放下你必須說最後一句話的需要。如果你不放下這一點，可以連續大吵數小時吵不完，尤其當你又陷入一貫的說詞：「是你先開始的！」。我想這一套你很熟悉了，大約是這樣的：

「如果不是你說ＸＸＸ我們就不會吵起來。」

「不，是你先起頭的，因為你說了ＸＸＸ。」

「但我會那麼說是因為你說了ＸＸＸ。」

「但我會那麼說是因為上星期你沒有做ＸＸＸ。」

你們可以這樣吵一整晚，完全沒有進展。即使你們最後真的**同意**是誰先開始的（這不太可能），可以達到什麼有用、有助提升關係的結果嗎？這只是另一種版本的「我對你錯」。所以你要為了幸福的關係問自己，你是否願意放下說最後一句話的需要？你是否願意任由那個衝動自行來去而不要採取行動？如果你和我有一點相像，這是艱難的任務，說比做容易太多。但如果你願意努力，退後一步問自己，**此時什麼更重要，證明我是對的或是營造幸福的關係？**你會發現如此可以讓你免於浪費很多時間和心力，然後你可以投注心力在更有建設性的事情上，如同你在下一章將看到的。

第 15 章
脫掉盔甲

「我厭倦了這一切，我得告訴你多少次？你為什麼從來都不聽？」

如果有人和你說話的開場白是這樣，你有什麼感覺？受傷？被冒犯？焦慮？憤怒？如果你一開始就表現敵意、對立、怨氣沖天或嚴厲的評斷，那麼，除非你的伴侶是聖人、大師或禪師，等於是準備全面開戰（或促使伴侶快速撤退）。

■ 學習公平吵架 ■

如果你要處理問題，先想好你要什麼結果。如果你要浪費時間在無用的吵架，你知道該怎麼做：穿好盔甲，拿起刀劍，向前衝。全副武裝跳入戰場：準備好連環指控、強烈的字眼、批評、評斷、憤怒或悲苦的要求。這麼做保證可以浪費你的時間，耗損你的關係（參見第二章）。但如果你希望以能夠**提升**關係的方式處理困難的問題，你必須採取相反的做法。你必須放下刀劍，脫掉盔甲，張開雙臂走向你的伴侶。

這麼做當然不容易，你可能會感覺暴露自己的脆弱。英文「脆弱」這個字源自拉丁文 vulnus，意思是受傷。若沒有盔甲，你可能會受傷。因此，你可能會焦慮、不安、緊張，當然一定不會自在。這很正常，畢竟你會冒一點

風險。你不知道伴侶會如何回應，他可能會攻擊、跑開、輕視你，你無法保證伴侶會依照你希望的方式回應，這是不得不面對的事實。但這也是「打開心扉」的技巧派上用場的時候（參見第 11 和 12 章）：你可以將氣吸入這些感受的所在，保留空間給它，運用呼吸讓自己拋錨碇泊在當下。

重點同樣是專注在你能控制的東西。你無法控制伴侶如何回應，也無法阻止自己感受不自在，但你**可以**保留空間給那些感受。你**可以**控制你要說什麼，何時說，怎麼說。

◎ 說什麼

首先想清楚你要表達什麼，你要再吵一次嗎，或是要建立與強化關係？如果是後者，哪些話最有效？舉例來說，如果你要和最要好的朋友或你真正欽佩仰慕的人討論這個議題，你會對那人說什麼？會如何措辭？

還有一點要考慮：你想要威脅伴侶、發出最後通牒、命令他、對他呼來喝去，或是提出友善的要求？威脅、最後通牒、命令、頤指氣使可能會激發強烈的負面反應。其實不值得驚訝，畢竟你也不會喜歡別人對你威脅或發出最後通牒吧？當有人強力要求、堅持己見或嘗試命令你，你感受如何？如果你希望有任何機會可以和伴侶達成友善的協議，可以讓你的需求得到滿足而又不會損害關係，那麼你就必須提出友善的要求。把伴侶當做朋友，你要請他幫忙。禮貌友善地要求，得到應允時要表達感謝，而不是視為理所當然。當然你的大腦可能會說：**我不應該還要開口！他應該直接去做**，或是：**如果我開始這樣做，她會認為我很軟弱**。所以請回到可行性的思考：如果你沉浸在這些想法，任其決定你的做法，長期而言對你的關係有幫助嗎？

◎ 何時說

如果你要處理困難或富挑戰性的議題，當然要明智地挑選時機。你的伴侶何時最可能有好的回應？他何時最不可能有好的回應？不適合討論這些事

的時機包括其中一人疲倦、煩躁、酒醉、不順利、孩子吵鬧、姻親來訪或兩人都壓力大到最高點時。較適合的時機可能是兩人都休息過了，環境沒有太大的壓力。

接著應該要看清楚現實狀況。很多夫妻不喜歡在心情好時討論重要的議題。一部分是因為當你心情好時，會感受問題似乎沒那麼嚴重，比較容易處理。此外，你可能會想，**現在明明很愉快，為什麼要破壞氣氛**？反之，當你心情不好時，問題會被放大，你更可能感到煩躁或挫折，想要討論的可能性大很多。因此提供這一節的建議很容易，在現實生活中做起來卻不太容易。

但還是值得記在心裡。我的意思是心態要務實，採取這個策略時盡力而為。不妨事先提醒伴侶：「我想要和你討論我們的財務，這星期可以撥一個晚上談談嗎？」走出平常的環境可能也有幫助：例如到公園散散步，或到咖啡廳喝飲料、喝咖啡時談。

◎ 怎麼說

遣詞用字很重要，說的態度也是。如果你的聲音很大或帶著敵意，臉部表情傲慢或輕蔑，身體姿態表達不滿或挫折，不論你的用語多麼美麗詩意，對方的感受都不會很好。我會透過一點練習讓夫妻明白這一點。我請他們輪流對彼此說：「你很棒」，但說的時候必須嗤之以鼻，語帶諷刺。然後我問：「哪一樣對你的影響較大：語言或態度？」

因此你的態度要建立在價值觀上。你希望自己是哪一種伴侶？關懷、疼惜、接受、開放、理解、尊重、有愛？或是怨恨、敵意、不尊重、輕視、憤世嫉俗、不滿？試試看你和伴侶談話**之前**，能否培養你希望具備的態度。

下面建議幾種做法：

・思考伴侶做了什麼讓你感謝的事。
・想想伴侶的優點。

- 想想你們兩人共同的某件美好愉快的回憶。
- 記住你們倆都受了傷。想想你們之前吵架時，說過、做過哪些傷人的言行。利用這一點來培養同情心，發掘你本能的和善，看看能否拿出一點給你的伴侶。
- 記住你的核心價值觀。問自己，**此刻我要代表什麼意義？如果這次的互動會被錄影，在全國的電視節目播放，我希望傳達什麼？我希望觀眾看到我的什麼特質？**務必讓這些價值觀引導你。

■ 停止亂鬥 ■

誠懇自問，你希望自己是哪一種伴侶。你希望不計代價吵贏對方，不論造成多少傷害？對你而言，吵贏對方比建立健康的關係更重要？使用惡意、卑鄙、無腦的吵架招數會讓你付出什麼代價？當然，你可能會吵贏對方，但值得嗎？你會滿意自己嗎？骯髒的吵架方式會讓你的關係付出什麼代價？如果你不明白我所說的骯髒的吵架方式是什麼意思，下面舉幾個例子：

暗中埋伏：伴侶做了你不喜歡的事，但你沒有處理它，而是一直放在心上，有時候長達數日或數週。然後在衝突的當下，你出言攻擊，就像抽出隱藏在袖子裡的匕首一樣。

聯合作戰：你找第三人加入戰局，父母或好友，兩人聯合對付你的伴侶。

打在要害上：戰火正酣時，你可能沒有意識到自己受了傷，或是將你的痛苦壓抑到內心很深的地方，變成隱藏的一團怒火。現在受傷又憤怒的你想要報復，你決定將他對你的傷害加倍奉還。於是秘密武器出籠，你明確知道說什麼話能引發她最根深柢固的恐懼和不安。如果她最深的恐懼是你會離開她，你便威脅要離婚。如果他一直覺得性能力不夠好，你便說他在床上的表現很爛。痛！痛徹心扉！

扮演律師：這是語言能力高明或很會辯論的人最喜歡的戰術。你扭曲伴

侶的話，斷章取義，或誇大到荒謬的程度。

翻舊帳：亦即挖出陳年往事來吵。你的伴侶很久以前做了很傷害你的事，雖然老早就過去了，你就是不肯讓它隨風而逝。每當你需要額外的武器，就把陳年舊事挖出來丟到她臉上：「看到了嗎？看到你做了什麼好事了嗎？」這一招很強大：保證可以撕開舊傷口，讓你們更加深陷衝突當中。

變成銀背大猩猩：你是否看過銀背大猩猩捍衛領域的樣子：大聲咆哮，捶打胸膛，露出尖牙？

有些人也是這樣，通常還會一邊丟東西或甩門。這類行為會對你的伴侶構成威脅，即使他比你高大強壯。對任何信任感或安全感都是極大的傷害。

敘述你的戰術：何不想出一些名稱來敘述你自己最喜歡的戰術？（如果伴侶有意願，你們可以一起做這件事。）注意哪些戰術是你們兩人都會使用的，哪些是你偏好的。你會注意到一件事：這些戰術的設計都是要贏得爭辯或造成痛苦，沒有考慮到伴侶或善待伴侶。想像你和伴侶討論重要的議題時，若能記住你關於關懷和連結的價值觀，情況會多麼不同？要改變你的戰術，第一步必須先了解與承認你的戰術具破壞性。但很重要的是檢視你的戰術，要先於檢視伴侶的戰術。因為這部分是你最能控制的。當你改變你的戰術，你很可能發現伴侶也跟著改變。如果沒有，你可以處理這個問題，但應該依循你的價值觀去做，而不是被憤怒或不滿擺布。

■ 戰術：打或逃？ ■

你和伴侶爆發衝突時，你的打或逃反應會立刻啟動。這是演化的結果，當你的遠古祖先遇到一隻飢餓的熊，他只有兩個選擇：（1）快速逃離，（2）將熊擊退或殺死。換句話說，打或逃。當爭吵愈來愈激烈，你可能發現逃走的反應較強烈：你想要退開，停止爭辯，離開房間，逃離現場。如果伴侶跟過來或試圖阻止你離開，你想要走開的欲望會更強烈。你會感受被攻擊

被困住，到最後達到瀕臨爆炸的程度。這時你可能會轉變為打的模式，開始在肢體或語言上攻擊對方。或者你可能維持逃的模式，但不是實質上逃開，而是心理上：你關閉自己，話變少了，甚至一語不發，望向別處，拒絕互動。

反之，如果你改採打的模式，你可能會追逐伴侶，繼續爭辯，直到你吵贏了或表達你的觀點。如果伴侶退縮或沉默，你可能會覺得愈來愈憤怒。如果你進入自動化模式，任由情緒主導你，你可能會變得愈來愈挑釁和帶有敵意。你甚至會追逐伴侶，她嘗試逃開，在屋裡走到哪你就跟到哪。當然，你處於逃的模式時也會因為害怕被拋棄而追逐伴侶：唯恐他會離開你，因而會一直追著他，希望能終結爭執，達成和平的協議。

所以如果你進入自動化模式，讓這些原始反應操控你，你們很容易會陷入長時間的爭執或大吵。或者你們也可能引發惡性循環，一方跑開，一方追逐，兩人都愈來愈激動。所以請檢視你們的戰術：誰跑開，誰追逐？省思你在這個循環裡扮演的角色，看看是否符合你的價值觀。當她明顯想要逃開而你緊追不捨，這是否符合你關於關懷、尊重、和善的價值觀？從伴侶身邊逃開是否符合你關於連結、合作、自我肯定的價值觀？

請注意這裡並沒有簡單答案，沒有誰「對」誰「錯」的問題，也不是你「應不應該」停止逃開或停止追逐。重點是找到一個對你們的關係有效的平衡。這方面每對夫妻都不同。要打破這類循環，通常逃離者必須少逃一點，追逐者少追一點。如果兩人都同意練習 LOVE 會容易很多。理想的狀況是你們倆都放下腦中的故事，敞開心胸，保留空間給當下的感受，記住自己的價值觀，充分投入互動。

■ 如果伴侶有意願 ■

這些練習需要開放誠實地對話。當你說話時，一定要帶著友善和開放。

你說話不是為了吵贏對方，而是為了深化連結。當伴侶說話時，要用心聆聽，不要以聰明的評語打斷他。聆聽時彷彿伴侶是你的英雄：一個你欣賞的人，你很榮幸能聽到他的想法。（如果你的大腦說，**怎麼可能**？你要拋開這個想法。如果你抓著這個想法不放，你知道結果會如何。）練習投入和伴侶的互動：注意她的聲音、臉部表情和身體語言。

■ 練習：你使用的戰術 ■

討論你們吵架時兩人使用的戰術。首先兩人都要承認自己的戰術：「我想要吵贏你時，我會……」討論時不妨寫下來，寫在日記或練習單，以後可參考。這麼做的另一個好處是你可以為這些戰術想出好玩的名稱。兩人都列出自己的戰術後，若還有別的，你可以請伴侶補充。你可以說：「我已經列出我可以想到自己使用的每一種戰術，你還想得到別的嗎？」保持幽默感，即使伴侶說的話不中聽，不要防衛：「亂講，我從來沒有那樣！」或「我幾百年沒有那樣了！」不妨試著說：「哇！我都不記得做過這件事。」或「是啊！我模糊記得那樣做過，好像很久了。」

■ 練習：偏好的戰術和基本規則 ■

討論你偏好的戰術：在理想的世界裡，你的基本規則是什麼？兩人都要完成下列四句。當我們吵架時……

- ·我希望你接受我做這件事：
- ·我不要再做這件事：
- ·我願意接受你做這件事：
- ·我希望你不要再做這件事：

■ 練習：追和跑 ■

討論追和跑。利用這個機會了解伴侶，培養更大的同情心。即使不是自然就會這麼做，但讓伴侶知道你的感受很重要。

跑的人：你在跑之前一刻是什麼感受？你為什麼要跑？他追你時，帶給你什麼感受？

追的人：她跑開給你有什麼感受？你為什麼要追？你在追的時候是什麼感受？

設身處地為伴侶著想，用心想想那會是什麼感受。盡你所能告訴伴侶你想像他是什麼感受，看看你的猜測有多準確。

■ 選擇權在你 ■

人生不會總是理想狀態，伴侶未必願意配合。他可能會嘲笑你追求改變的努力，或頑固地拒絕嘗試任何不同的做法。這種情況下，你自然會感到挫折和失望。但……情況仍有機會改善，畢竟你還能控制你能做的事，心理彈性讓你擁有自由。當你充分專注當下，敞開心胸接受你的經驗，與無益的思想脫鉤，與你的價值觀連結，你就能自由地做選擇。你要選擇遵循你一貫做法，或更有效的做法？這沒有「對錯」或「好壞」，只是必須做出選擇。你要跑開或留下來談？你要追逐或讓她走？

不論你做什麼選擇，要注意結果與發生的事。如果有效，那就繼續做。如果無效，檢視你能夠在 LOVE 的引導下有什麼不同的做法。每一次吵架後請思考：

• 你沉浸在什麼樣的故事裡？你願意考慮放下嗎？

• 哪些感受是有問題的？你能否練習打開心扉，保留空間給你的感受？

• 你說了什麼或做了什麼讓情況惡化？下次在價值觀引導下可能採取哪

些做法會更有效？

- 你是否都是自動化反應或困在腦中的世界？下次發生這種情況時，你可以如何更充分投入與伴侶的互動？你可以如何安頓身心、保持專注和活在當下？

■ 無法掛保證 ■

LOVE 的態度幾乎一定能改善爭執的結果，降低衝突時造成的傷害。但很重要的是一定要務實。事實是伴侶有時會表現你希望的反應方式，有時不會。有時候你們對某個議題能有共識，有時沒辦法。有時你們能調和歧見，獲得雙贏的結果，有時不能。情勢的發展如你所願時，你會感受很好。不如所願時，你會感受很糟。你是否願意保留空間給這一切？如果不願意，你將會辛苦對抗現實，而這場戰役，贏的永遠是現實！

第三部

第 16 章

好言請求的魔力

想像你是全世界的統治者，對伴侶有絕對的權力，不論你命令什麼，對方都必須服從。若是如此，你想要他做什麼時還會好言請求嗎，或者會直接命令？

如果你完全不在乎關係的品質，如果她的感覺對你毫無意義，如果你根本不在乎她喜不喜歡你，那麼你可能懶得好言請求。因為沒有意義。

但如果你確實在乎他的感覺，在乎他是否喜歡你，那就不一樣了，不是嗎？你很可能就會好言請求，即使沒有必要。

問題是你並不是世界的統治者，對伴侶也沒有絕對的權力。但……你確實有權選擇你要如何對別人說話。你**不必**好言請求任何事，但如果你在乎她的感覺以及她是否喜歡你，考慮這麼做才是明智的。

■ 檢視你的經驗 ■

不要只相信我說的，想想你自己的經驗。好好看看當你開始表現得像個獨裁者時會發生什麼事：當你堅持己見、強勢要求或對伴侶呼來喝去；當你咆哮、大吼或暴走；當你高高在上告訴她這樣、那樣，她會喜歡嗎？如果以這個方式對待伴侶，她通常會抗拒、攻擊或跑開。如果她真的配合，也必然

是心有不甘。乞求、威脅、抱怨、生悶氣也是一樣。

並不是說這裡面有任何策略是「錯的」或「不好的」，只是沒有效果。讓你的需求得到滿足的一個最基本原則是：好言請求。我所謂的「好言請求」並不是乞求或哀求，我是指禮貌地要求。你有權要求你要的，伴侶有權要你禮貌對他說話。因此你在請求時必須友善：不能強勢要求、威脅、粗暴對人或侮辱人。很多人發現這很難，因為他們無法拋開下面這類故事：

「我不應該還需要開口，他應該自己主動做。」

「我試過好言請求，她從來不聽。」

「我為什麼要好言請求？他不值得。」

「如果我好言請求，她會充耳不聞。每次都是我生氣了她才會同意。」

你是否願意拋開這些故事？這些想法也許有部分真實，或甚至完全真實，但當你緊抓著不放，效果如何？不論以前發生什麼事，事實還是一樣：最可能讓你的需求得到滿足，長期下來**又可以**建立健康關係的做法就是好言請求。方法很多，例如你可以先讚美，或表達感謝，或兩者都做：「親愛的。我真謝謝你努力收拾整潔。我知道這不是你的本性，但真的讓我的生活輕鬆很多。」下次當你提出要求時，可以利用類似這樣的說法：「如果你……我會很感謝」或「如果你……我會很喜歡」或「如果你……我會很高興」或「如果你……真的對我很有幫助」。

我向莎拉提出這個建議的結果是：

莎拉：但那樣我就是在說謊。當史提夫哄小孩上床，我並不覺得感謝。他只是做他應該做的事。我為什麼要感謝？

羅斯：聽起來你很執著於這些想法。

莎拉：什麼想法？

羅斯：「史提夫應該做我想要的事」。

莎拉：（驚駭）你是說應該讓他做他想要的？坐在電視前喝啤酒，全部

丟給我做？

羅斯：當然不是。這樣想吧，如果你要史提夫哄小孩上床，**同時**你想要建立更好的關係，怎麼做最有效？是在他做了你希望的事時表達感謝，或表現出「先生，該你出點力了」的態度？

莎拉：「我不應該還需要開口，他應該自己主動做。」

羅斯：莎拉，這世界上有幾百萬人會完全同意你。問題不在於這是不是事實，而是有沒有效。重點是：如果緊抓住這個信念，讓它決定你和史提夫說話的方式，這樣能改善你們的關係嗎？

莎拉：（不情願地嘆口氣）不能。

　　放下我們心中的種種「應該」很困難，但如果我們希望關係能美滿，就不能執著。所以當這些故事浮現時要注意，任其來去，不要沉浸其中。然後採取實際有效的做法，而不是你的大腦告訴你**應該**有效的做法。

　　但如果你要求而她拒絕呢？或者他根本充耳不聞？或她嘲笑你？或他說好但沒有真的做到？你當然會生氣或失望，然後大腦會開始告訴你各種無益的故事。這就是真正富挑戰性的地方。在這種情況下，你是否能練習LOVE：放下無益的想法，打開心扉，保留空間給你的感覺，依循價值觀行事，用心投入？如果可以，表示你有很好的條件會成功。只要具備心理靈活性，你就會有很多選擇：

- 你可以繼續以平靜、尊重的態度要求你要的。
- 你可以解釋這對你很重要，對你具有何種意義。
- 你可以協商，努力創造能滿足雙方需求的雙贏方案。
- 你可以達成某種協議：「你為我做這件事，我為你做別的。」
- 你可以妥協。（妥協通常讓兩人都不滿意，但比全面開戰好很多。）
- 你可以平靜尊重地告訴伴侶你對現況的感覺：你感到氣惱、失望、悲

傷或挫折。例如你可以說：「我覺得很煩，你說你會洗碗，卻沒有做到。」（但我要提醒你：如果你開始吼叫或暴走或羞辱對方，最後只會變成吵架。「平靜與尊重」才能有最好的結果。）

· 你可以接受現況就是如此，放到一邊，之後若還是覺得很重要再來處理。

你必須對伴侶保持開放與接受及尊重對方，這些策略才可能奏效。這時候正念很重要，如果你沒有安頓好心情，專注當下，可能會表現出適得其反的言行。如果你融入無益的故事或被強烈的情緒嚴重影響，你可能會開始評價、批評、乞求、抱怨、威脅或對伴侶表現輕蔑的態度，這結果會如何你很清楚。

當然，除了這些建議，你還有別的選項。這裡只是舉出較常用到的，重點是保持正念，讓你的價值觀引導你。如此，你才能嘗試不同的做法，注意結果，慢慢找出最有效的方式。

■ 好言回答！■

如果伴侶好言提出請求，你當然要以同樣的態度回答。即使你不喜歡他提出的要求，也沒有必要發脾氣、抱怨或攻擊。你可以禮貌且尊重地拒絕。但如果你同意他的要求，要心甘情願地同意。如果是帶著不滿勉強配合，長期下來只會造成摩擦和緊張。當你做某件事是為了「讓她不再煩我」或「讓他不再嘮叨」，必然會讓你感到非常不滿意。但如果你的作為是出自愛，依循關懷與貢獻的價值觀引導，會讓你覺得有意義許多。想想這麼做對伴侶多麼有幫助，會如何增進她的健康、快樂和活力。然後，即使讓你很不舒服，你要心甘情願地選擇這個關懷的作為。如此一來，你一定會發現比咬牙切齒地做做樣子更滿足得多。但不要只聽信我說的，不妨觀察看看，相信你自己

的經驗。

■ 小狗或鯊魚 ■

你在最親密的關係裡比較像是小狗或鯊魚？提出這個問題的是澳洲坎培拉的團體諮商師華里士（Tony Wallace），他利用這個問題幫助案主了解自己的心態。想想看：你和小狗的關係會是怎樣？小狗只在乎一件事：你！牠只想和你在一起，取悅你。你一踏進家門，牠看到你就很興奮：跳躍搖尾，想要舔你。和你在一起從不無聊，也絕不會兇惡地對待你。每次你必須離開，牠總是很失望。你可以忽略牠、餓牠、打牠，牠依舊只想和你在一起，「愛你」，取悅你。小狗不太關注（甚至完全不關注）自己的需求，只有付出！

你和鯊魚的關係又會是如何呢？肯定非常不同。鯊魚一點都不在乎你，只對自己的需求有興趣，也就是食物。如果你把牠餵飽，牠可能不會吵你。但如果沒有，你就成了牠的早餐。你試試和鯊魚博感情，結果只是在浪費時間。

健康的關係必須在這兩種極端之間找到平衡。如果在關係中你只在乎自己，你的需求、希望、欲望，伴侶會把你當鯊魚看：永遠提供食物給你，以免被你吃掉，但他無法得到任何回報。反之，如果你一味取悅他，一直忽略自己的需求，你會開始感覺像無助的小狗，他則會開始變得像隻大白鯊。

很少夫妻一方完全是鯊魚，一方完全是小狗，我們內在都有這兩種動物的部分特質。但若能找到較好的平衡，發揮同情心，懂得關懷人，能尊重自己**以及**伴侶的需求，對多數人都比較有益。

你是否在關係裡的某些領域有點太像鯊魚？你的需求或許能短期得到滿足，但長期來看對你們的關係有什麼影響？你是否在乎伴侶的感覺以及他是否喜歡你？如果在乎，你願意放下哪些「應該」？你願意接受什麼？要拋開鯊魚模式，你必須記住關懷、付出、和善、支持、平等、尊重等價值觀。這並不是說你就得變成小狗，只表示你要積極將心力投注在伴侶的健康、成長

和幸福，就像關照自己的健康、成長和幸福一樣。

　　你又會在關係裡的哪些領域扮演小狗？長期下來你因此付出什麼代價？小狗的角色可能帶給你某些短期的益處，幫助你免於被拒絕、被遺棄、受傷害等恐懼，避免可能衝突的焦慮，但你也因此在健康與活力上付出很大的代價，讓你感到精疲力竭、被踐踏、不滿或心累。要擺脫小狗模式，你必須記住尊重自己、栽培自己、忠於自己、照顧自己的價值觀。這不表示你就必須變成鯊魚，只表示你要照顧好自己的健康和快樂，不只是照顧伴侶的健康和快樂。

■ 如果伴侶有意願 ■

　　下面的練習是要幫助你和伴侶學習要求自己想要的。

■ 練習：學習要求 ■

　　兩人輪流敘述你們希望伴侶如何提出要求。哪些用語、姿態、臉部表情、語調讓你比較可能（1）答應或（2）拒絕對方的要求？

■ 練習：行為的代價 ■

　　討論你認為何種行為像鯊魚或小狗，目的是認清和探討**你自己的**行為而不是伴侶的，了解長期而言這些做法讓你付出什麼代價。之後換伴侶談。

　　伴侶說話時，你要帶著開放、好奇的心態專注聆聽。不要打斷他或發表意見，不要辯解或批評，也不要開始爭辯或反對。你不妨想成可藉此機會了解伴侶的世界以及他如何看待自己。

　　你可以額外多做一個步驟（但必須是你們兩人都完全願意才可以），就

是請伴侶提供回饋：伴侶同意或不同意你的自我評量？做這一點要小心，如果你不注意，很快會變成爭辯。

■ 只要 LOVE 就夠了，是嗎？ ■

　　披頭四有一首歌很紅：「你只需要愛」（All You Need Is Love）。這是很美麗的論點，但有多實際呢？嗯，這要看你從來什麼角度看。LOVE：放下、打開心扉、依循價值觀、用心投入的重點是培養心理靈活性的態度。你愈是能保留空間給不自在的感覺、放下無益的想法、保持心理專注、行事秉持價值觀、你營造的關係就愈健康。但心理靈活性本身可能還不夠，你還必須學習溝通、協商、解決問題、自我肯定、解決衝突、甚至是憤怒管理等新的技巧。這些議題超出本書的範圍，但我高度推薦麥凱伊（Matthew McKay）、費寧（Patrick Fanning）和帕列格（Kim Paleg）所寫的《夫妻之道》（Couple Skills）（請見參考資源與推薦書單）。書中提供簡單的步驟，指引讀者學習關係諮商中最常教導的技巧。如果你學會這些新技巧來落實你的價值觀，每個步驟本身都是在「依循價值觀」。在這種情況下，我們就可以說「是的！LOVE 是你**唯**一需要的！」但你得到的往往不是你需要的，這一點總是讓我們很難接受……

第二部

第 17 章
你無法總是如願

你最想要從伴侶那裡得到什麼？疼愛、了解、親密、尊重、認可？更多性生活、支持、幫助、社交生活、家庭時間？妳希望他敞開心胸分享他的感受，更專注聆聽妳說話，問候你一天過得怎麼樣？你要她冷靜，不要太苛求你，性方面更常主動？

不論你要什麼，事實是：你可能得到，也可能得不到。隨著你們的關係逐漸改善，你努力實踐 LOVE，記得好言請求你想要的，你的需要可能會更常被滿足。但這無法改變人生的基本事實：你無法每次都如願。

■ 如何面對感受：有用的策略 ■

你得到的東西與想要的東西差距愈大，你會愈受傷。差距較小時，你可能感到失望、挫折、焦慮、不安、被拒。差距較大時，則可能感到憤怒、不滿、嫉妒、悲傷、懊悔。嚴重的差距更會讓人怒不可遏或陷入傷痛、絕望、恐慌。

你無法讓這些感受不要浮現，這是人類的正常反應。但如果感受浮現時你採取自動化反應模式，可能便會表現出各種自毀式的言行。因此當這些感受真的浮現時，你要拋錨碇泊，運用下面的策略：

- 專注當下，深呼吸，心思從大腦移到身體。
- 敘述你的感受，敞開心胸，保留空間給你的感受。
- 注意大腦告訴你什麼，敘述那個故事。
- 腳掌用力踏在地板上，好好看看你的四周，注意你在哪裡，正在做什麼。
- 說話引導自己度過：「我現在很生氣，但我可以保留空間給憤怒。深呼吸，繼續專注當下。我無法控制我的感受，但可以控制我的行為。此刻我要代表什麼意義？」

這裡有一點要特別注意：你的大腦可能會讓差距不必要地更加擴大。舉例來說，它可能會說，你不應該還得開口要求這些事，兩個人在一起不應該這麼困難，別人的伴侶不像你的伴侶那麼自私，如果他真的愛你，就會答應你的所有要求。當你的需要和欲望沒有得到滿足，失望與挫折無可避免。但如果你怒不可遏、絕望、恐慌或傷痛，這些強烈的感受通常代表你深陷無益的故事裡。若是如此，你知道該怎麼做。退後一步注意大腦在告訴你什麼。承認差距的存在，同時注意你的大腦是否讓差距變得更大。大腦告訴你什麼無益的故事？你能敘述故事，然後放下嗎？

正念無法消除差距，只能幫助改變你的反應方式。融入故事會將你拉向差距，進退失據，被所有的想法和感受困住壓垮。正念則能讓你跳脫差距，承認它的存在，保留空間給它。陷在差距裡，你會困在裡面，走出來就能行動自如。所以要練習放下和打開心扉。然後問自己幾個問題：

- 是否有其他方法可以滿足這個需要？
- 如果我的伴侶無法或沒有意願，我可以如何自己滿足這個需要？
- 我是否可以透過和家人朋友的關係滿足這些需要？

◎ 策略運用實例：愛麗絲和吉姆

愛麗絲希望和吉姆能有更富啟發性的談話，但吉姆即使在情況最好的時候也不大愛說話。和她相比，吉姆很不會聊天，他的主要興趣是政治和運動，兩者她都沒興趣。她批評他幾年了，花了無數時間一直在想，若是和別人在一起，生活一定會美好許多，無止盡地為了明顯無法控制的事沉溺在挫折和不滿中，到最後愛麗絲終於學會放下。

她以前會告訴自己吉姆應該要更會說話，如果他不一樣，她的生活會變得多麼美好，現在她已放下這一切無益的故事。她不再拿吉姆和朋友的老公比較，明白這樣只會讓自己更不滿足。並不是說她的大腦不會再評斷、比較和批評，只是她學會不把這些故事看得太認真，認清自己何時被這些故事吸引住，然後幫自己解套。她有時候還是會感到挫折和失望，但她學會打開心扉，保留空間給那些感受，而不是任由那些感受控制她。

同時她並沒有忽略自己的需要。她承認渴望能和別人進行富啟發性的談話，決定從別的地方尋求滿足。她有很多談起話來很愉快的朋友，她決定多和他們在一起。這些都無法將吉姆變成健談的人，但可以去除關係中許多無意義的緊張。

事實是你的伴侶永遠無法滿足你的全部需要。嘗試滿足需要沒有害處，但一定要注意後果。如果你太執著自己的目標，你的努力有一天可能會變成弊大於利。

你的挑戰是認清你何時變得太執著，然後學習放下。無可避免這需要經過嘗試與犯錯，而且你會有很多時候弄錯。所以要不斷實驗，盡可能找出最佳平衡點。不要成為小狗或踩腳墊，這會讓你失去活力。但也不要變成鯊魚或破門錘，那絕對會破壞關係。你要找到中庸之道。

■ 價值觀 vs. 需要 ■

當差距很大時，有一個做法通常很有幫助，就是回歸你做為伴侶的核心價值觀。我們且快速扼要重述一次：價值觀是你內心深處真正渴期望這一生做到哪些事，代表什麼價值。價值觀無所謂對錯，但有些價值觀通常能讓關係愈來愈好，例如疼惜、關懷、連結、扶持、合作、誠實、尊重等等。但別忘了，價值觀是你希望表現的行為，是透過持續的行動所表現的美好特質。重點是你**想要做**且**持續做**的事。

假設「尊重」對你真的很重要，那你要自問：「我要就這一點**做什麼**？」下面提出幾種可能性：

- ・以尊重的態度對待別人。
- ・要求別人以尊重的態度對待你。
- ・別人以尊重的態度對待你時表達感謝。
- ・結交和你一樣認為尊重很重要的朋友。
- ・拒絕和不尊重你的人說話或互動。
- ・談尊重的重要。

你可能注意到一件事：你隨時可以實踐這裡面的任何一項，不論你是否得到尊重，你都可以依循這些價值觀行事。

價值觀和需要非常不同。價值觀攸關你要**做**什麼，需要則是你要**得到**什麼。下面列舉關於尊重的需要：

- ・我需要伴侶以尊重的態度對待我。
- ・我需要伴侶尊重我的希望。
- ・我需要伴侶尊重我的意見。

請注意這些事情都不是你能控制的，你根本沒有辦法讓伴侶做到這些

事。你可以好言請求，可以咄咄逼人地要求，可以輕蔑地要求，可以對她大吼，或哀求她，或粗暴對待她，或威脅要和他離婚。你甚至可以真的和她離婚，但你無法讓伴侶做你希望的事。

這是我們每個人都要面對的事實。我們可以控制自己做什麼，但無法控制得到什麼。我們可以讓自己的需要獲得滿足的可能性提高，但唯一的辦法是控制自己所做的事，例如好言請求。

因為我們只能控制自己的行為，我常建議案主採取下列四個步驟：

1. 嘗試多種可行的策略來滿足你的需要（停止使用無效的做法）。
2. 如果你嘗試了所有想得到的可行策略，還是無法滿足需要，那麼你必須選擇留下或離開。（你可以重讀第三章。）
3. 如果你選擇留下，那麼你的最佳選項是練習接受，讓兩人的關係發揮最大的價值，透過遵循你的價值觀來豐富你的人生。
4. 最糟糕的選項是留下來，但拒絕接受現實。你沒有讓兩人的關係發揮最大的價值，並遵循你的價值觀過生活，而是浪費時間心力擔憂、煩惱、重複過去的做法、吵架、抱怨、批評、一直想著哪裡出問題、嗑藥或酗酒、飲食過量等等。

◎ 策略實例：安東尼奧和瑪麗亞

安東尼奧和瑪麗亞是一對中年夫妻，三名子女都已成年。瑪麗亞希望一週至少做愛一次，安東尼奧希望一個月一次。瑪麗亞嘗試批評、乞求、羞辱、打扮性感、要求做愛、提醒他這是他「身為男人的責任」、拿朋友的性生活來對他施壓、拿他和朋友的丈夫比較、告訴他她感覺不被愛、請他讓她「感覺像真正的女人」等等。她做這些事許多年都沒有效，事實上她愈是施壓，安東尼奧愈失去性趣，兩人愈少做愛。

我們檢視瑪麗亞關於性的價值觀，包括：

- ・產生性的快樂
- ・創造身體的感官經驗
- ・深度連結

　　請注意，這些是價值觀，不是需要，全部都是關於做什麼，而不是得到什麼。

　　下一步是在會談中一起腦力激盪，我們盡可能激盪出最多種方法讓瑪麗亞能依循這些價值觀，而不是專注在性交的需要未獲滿足。下面是我們想出的一些做法：

幸福關係的防疫處方箋

- ・產生性的快樂：瑪麗亞體認到沒有安東尼奧的參與，她也可以透過自慰，靠自己做到這一點。事實上很多女人表示，透過自慰得到的高潮比性交更好（Hite 1976）。
- ・創造身體的感官經驗：瑪麗亞發現這也可以靠自己做到：透過按摩、洗溫泉或做臉。
- ・深度連結：瑪麗亞想到無涉性交的很多方法可以深度連結。她可以透過寫日記、靜坐、瑜珈或正念呼吸和自己深度連結。她可以透過建立親密關係和親戚朋友深度連結。她可以透過無涉性交的很多方法和安東尼奧深度連結：牽手、摟抱、促膝談心等。

　　腦力激盪的會談結束後，我整理出瑪麗亞可以透過哪些方法，在沒有性交的情況下仍能依循性方面的價值觀。她剛開始的反應不是很正面。下面是我們的對話情形：

瑪麗亞：（抗議）沒錯，我明白我可以做很多事，但那和做愛不一樣！

羅　斯：當然不一樣，完全不是同一件事。我們要承認這裡面有很大的

差距：妳得到的和妳想要的之間有很大的差距。妳預期**任何人**在妳的情況下會有哪些正常的感受？

瑪麗亞：我想會有些挫折。

羅　斯：一定是的。挫折、失望、悲傷、憤怒，甚至可能會感到被拒絕或孤單，這些都是正常的感受。當我們想要的東西和得到的東西之間有差距時，就是會有這些感受。所以問題是出現這些感受時我們要怎麼做？我們可以沉浸其中，辛苦與它對抗，像木偶一樣地被它操控。或者我們可以保留空間給感受，順其自然，專注在此時此刻如何依循我們的價值觀生活。哪一種比較可行？哪一種會帶給妳最好的生活品質？

我很高興瑪麗亞很快就明白了一件事：做有效的事通常會引發不安。就像瑪麗亞一樣，當你放棄一定要按照你的計畫去滿足某種需要，大概不會感受很好，至少短期內不會太好。你可能需要保留空間給一些不太愉快的想法和感受。你的大腦會告訴你各種無益的故事，像是：**不公平。他為什麼會這樣？如果……就好了。我為什麼必須……**？你無法制止這些想法冒出來。但你可以選擇是否要抓著不放。執著不放，這些想法和感受立刻就會變成迷霧。任其來去，迷霧很快就會消散。

事實上，當瑪麗亞願意放下性交的需要，情況立刻大幅改善。安東尼奧已不再感受到壓力，合作的意願大增。現在只要瑪麗亞不施壓他性交，他變得非常能接受親密的感官經驗。於是他們開始常常按摩、摟抱、親吻。瑪麗亞驚喜發現，透過摟抱、親吻、談話，就像性交一樣能深度連結。他們也協議好，如果瑪麗亞非常興奮時，她可以自慰而不是施壓安東尼奧做愛。（兩人都必須脫離這些非常無益故事的糾結！）

◎ 別期待魔法

你可以看出來，這裡面沒有魔法。但如果你願意先放下自己的需要退後一步，檢視你的價值觀，通常都可以找到某種可行的解決方法。

這麼做未必容易，相反的，通常都很困難。你想要的東西和得到的東西之間差距愈大，便愈難以接受，尤其當伴侶背叛你或傷害你時更是如此，所以在接下來幾章我們會探討背叛、信任、不滿和寬恕。但需要能否得到滿足與另一個重要因素有關，我們要先檢視一下。這不僅對你們的關係有很重要的影響，還會影響你自己的福祉和滿足，這需要幾方面的努力……

第三部

第 18 章
張開你的眼睛

小孩：（將食物推開）我不要吃這個。

母親：（生氣）非洲有貧窮的小孩在挨餓，一整天都吃不飽！

小孩：好啊，那就拿給他們吃！

你是否和你的母親有過這樣的對話？我當然有過。小孩通常不知感恩，成人也好不到哪裡去。我們多常真正感恩擁有的一切？有太多東西都被我們視為理所當然。幾年前，我的一個朋友頸部長癌，後來治癒了，但放療破壞了口腔的唾液腺，現在他得整天嚼口香糖，才能製造足夠的唾液保持口腔濕潤。你何時曾停下來感謝你有唾液？唾液能潤澤你的口腔，讓食物變濕，幫助消化。多數時候你幾乎沒有注意到它的存在，但口乾舌燥時肯定會注意到它的缺乏！

你何時曾真正感謝你有免疫系統？免疫系統一整天都在全力備戰，消滅各式各樣的病菌，以確保你能維持強健的身體。我們卻認為那是理所當然的，不是嗎？直到我們被病毒感染，這時才彷彿被當頭棒喝，領悟到平常擁有的時候多好。我們終於康復時會有多開心？大概會有一整天、甚至兩天的時間裡，我們會真正珍惜健康和幸福，但總是很快又視為理所當然。

我們看待人生的每個部分幾乎都是如此。我們覺得擁有雙手是理所當

然的，直到手受傷。我們覺得擁有雙眼是理所當然的，直到必須配戴眼鏡。我們覺得有記憶是理所當然的，直到記性變差。我們沒有珍惜這些東西對生活品質的貢獻有多大。想想我們若沒有雙手、雙眼或記憶會變怎樣？當我們碰到失明或殘廢的人，或探視失智的親人時，那些時刻也許會珍惜我們擁有的，但都不會維持太久。

幾星期前，我沿著河岸走，沉浸在一則關於變老的故事：「我以前走路的速度快多了。現在我的膝蓋卡卡，腰酸背痛。我才四十二歲呢！」我沒有注意到一個老人拄著枴杖，直到他叫住我，笑著大聲說：「我真希望能走得像你一樣快！」這句話真的讓我停下腳步思考。我笑了，再上路時換了一種心態，讚嘆我的雙腿帶著我行走世間四十二年還這麼健朗。

那麼這和關係有什麼相干？關係可大了！當你被忽略、不當一回事、視為理所當然，你是什麼感覺？我們每個人本質上都非常相似，都希望我們的付出能得到認可和賞識。當別人表達認可，我們會感覺被重視，彷彿我們的努力被注意到，我們發揮了某種影響力。如果別人沒有表達認可，我們會有各種不好的感覺，從煩躁、失望到孤單、悲傷，好像我們所做的事對別人沒有多少意義。

英文「appreaciate(感謝；感恩)」源自拉丁文的 ad（to）加上 pretium（意思是「獎品」或「價值」），所以「appreaciate」的意思是「重視或珍惜某件事」。難怪我們都很喜歡被 appreaciate，能夠被伴侶重視或珍惜多麼美好啊！我們的伴侶當然也有完全一樣的感覺。所以如果你表現出更重視或更珍惜伴侶，你想會發生什麼事？你們的關係會改善或變糟？（你在思考這個問題時，看看你能否注意到大腦正在說故事。它是否說了類似下面的話：**他只會認為我理所當然。我從頭到尾都在付出。對她永遠都不夠。我不應該必須……**」，執著於這些故事會有幫助嗎？）

修習正念的基本精神就是心存感恩。當我們落入機械反應模式，就不會注意到自己擁有什麼。除非發生了神奇的新經驗吸引我們的目光，我們不太

會注意周遭的世界。但如果我們帶著開放好奇的心活在當下，很容易就會注意到我們擁有這麼多。當我們花點時間珍惜自己擁有的，會油然而升豐富充實的感覺。否則很容易沉浸在哪裡有所欠缺或不夠好的故事，就會感到不滿足。當你沉浸在自己的心理迷霧中，就會忽略遠處神奇的山谷景致。

俗語勸人要「停下腳步嗅聞玫瑰的芬芳」或「珍惜所有」，都是強調這一點，但因為太耳熟能詳，聽起來很容易覺得是陳腔濫調。但說得再好也不及真實的體驗更真切，我們說得夠多了，接下來就來做點簡單的正念練習，好好利用這樣的機會真誠體認和珍惜我們擁有的一切。

■ 正念感恩 ■

下面的練習要幫助你對我們平常視為理所當然的所有事物培養感恩的心。請慢慢做這些練習，細細感受這個經驗。如果為了趕快進展到下一章而匆促完成，恐怕沒有體悟到真正的重點。

■ 練習：正念聆聽 ■

先讀一遍指示，然後放下書本練習。

花一分鐘注意你能聽到的所有聲音。「盡可能聽進」四面八方的聲音。注意最遙遠的聲音，也要注意來自身體的聲音：你的呼吸、衣服的窸窣聲。不論你注意到什麼聲音，就像第一次聽到一樣得用心聽，注意音量、音高、韻律、震動、音色。

正念聆聽一分鐘後，花點時間感恩你擁有聽的能力。這對你的人生有什麼貢獻？

■ 練習：正念呼吸 ■

先讀一遍指示，然後放下書本練習。

花一分鐘專注在呼吸上，清空肺部，讓肺部自己充滿。注意空氣的進出，觀察呼吸的動作，彷彿從來沒有碰過相似的事。注意你的鼻腔、喉嚨、肩膀、胸腹發生什麼事。

正念呼吸一分鐘後，花點時間感恩你擁有呼吸的能力。呼吸對你的人生有多少貢獻？

■ 練習：正念觀看 ■

先讀一遍指示，然後放下書本練習。

花一分鐘看看你的四周，注意你能看到什麼。挑出熟悉的景象，看得更仔細一些。注意光和影，注意哪裡有清楚的界限和邊緣，哪裡沒有。挑出一樣熟悉的東西仔細看，彷彿從來沒有看到相似的東西。注意它的形狀、顏色和表面：是明亮或暗淡，光滑或粗糙？

正念觀看一分鐘後，花點時間感恩你擁有看見的能力。視力對你的人生有多少貢獻？

■ 練習：味覺正念品嘗 ■

先讀一遍指示，然後放下書本練習。

挑一點點食物：一顆花生或葡萄乾，一小塊巧克力或半片米餅。閉上眼睛將食物放入口中，讓食物停留在舌頭上一會兒不要咬。注意口腔如何分泌唾液。盡可能慢慢咀嚼，注意全部的味覺和口感。研究食物的風味，彷彿從來沒有品嘗過類似的食物，彷彿你餓得不得了。

接著花點時間感謝你的舌頭和嘴巴。能夠吃、咬、咀嚼、品嘗食物對你的人生有多少貢獻？

■ 練習：舞台表演 ■

想像此刻你坐在一場精彩舞台秀的前排位置。舞台上是所有你能看、聽、聞、嚐、觸摸、感覺和思考的東西。到目前為止我們只看了表演的少部分，還有很多精彩的內容。現在請依照前面練習的指示，花幾分鐘注意表演的其他部分：

- 你的雙手在做什麼
- 你的皮膚能感受到什麼
- 你在想什麼
- 你的身體裡有什麼感覺

每一種情況都請花點時間感恩這為你的人生增添了什麼。請現在先做這個練習再繼續讀下去。

所以你剛剛有了豐富的經歷。你一直都在觀賞精彩的舞台秀，內容涵蓋色、聲、香、味、觸、思想和感覺。你能見證這場表演不是很神奇嗎？你的眼、耳、手、腳、口和大腦全部分工合作，讓這場表演能持續進行且不斷變化，這不是很神奇嗎？獲得諾貝爾和平獎提名的佛教高僧釋一行禪師（Thich Nhat Hanh）在《正念的奇蹟》（The Miracle of Mindfulness）一書中寫道：「真正的奇蹟不是行走在水上或空中，而是行走在大地上。我們每一天都參與奇蹟，自己甚至沒有察覺：藍天、白雲、綠葉、小孩充滿好奇的黑色眼睛及我們自己的雙眼。這一切都是奇蹟。」

■ 感恩的藝術 ■

有時候你自然會感恩。當你飢餓而有人給你食物，當你寒冷時打開暖氣、有人幫你忙、品嘗到真正的好酒或巧克力，在這種時刻會油然生起感恩的心。但多數時候我們會被大腦催眠進入沒有連結的狀態。我們不會珍惜眼前不斷變化、萬分精彩的生命舞台秀。我們的大腦會製造一件運動衫，上面印著標語：「經歷過了！做過了！看過那部電影了！讀過那本書了！」然後將運動衫罩在我們頭上，再也不拿下來。

正念就像拿掉運動衫，讓你用新的眼睛看世界。如果你運用正念培養對伴侶的感謝，兩人都會受益。你愈能注意到伴侶對你的人生有多少貢獻，對兩人的關係便會愈滿意。伴侶愈覺得被珍惜，愈可能回報以熱情與和善。

很多人在衝突緊張時會幻想和伴侶分開。真的發生時，少數人會覺得鬆一口氣，多數人會受到很大的衝擊：分手帶來的壓力超乎想像。當男人瀕臨離婚，獨自面對人生時，通常會開始感謝妻子，體認到她讓自己的人生變得多麼豐富。或者一個女人會開始感謝丈夫，明白他對自己的幸福和生活方式有多麼大的貢獻。我們為什麼常常要等到無法回頭了才學會看清楚伴侶帶給我們什麼？答案：心理迷霧。當你困在腦中的世界，糾結在千萬種故事裡，便不會珍惜眼前擁有的。

擔任會計師的喬將妻子克蕾兒視為理所當然，他甚至會嚴厲批評她不該選擇不上班當家庭主婦。但她罹癌後，這一切都改變了。克蕾兒病得愈來愈重，喬必須接手照顧孩子、顧家、洗衣、煮飯，他開始感謝克蕾兒為他和家人做了多少。他也開始體認到她以千萬種方式豐富了他的人生：包括親吻、談話、親密、友誼、支持、陪伴。所幸克蕾兒活了下來，這個經驗讓兩人的關係歷久彌新。很多人就沒有這麼幸運了。許多案主告訴我，他們真正感謝伴侶時已經太遲了。英語有句古諺可以為戒：「井枯方知水可貴。」

這句話傳達的訊息非常清楚：如果你懶得用心看，你就不會看見。正念

的意思是張大眼睛，看清楚你的伴侶，承認她為你的人生增色很多。如果你夠幸運，你的大腦會提醒你這麼做。但它比較可能告訴你，她如何讓你的人生減分。畢竟你的大腦已經這樣做了很多年，不會只因為你看了一本書就改變作風！它會敘述一則又一則關於伴侶「做錯事」的故事。如果你執著於這些故事，迷霧很快就濃到讓你看不見伴侶。所以你知道該怎麼做：那些想法出現時知道就好，任其來去，就像路過的汽車。

◎ 感謝你的伴侶

下面幾點建議可以讓你培養對伴侶的感謝：

· 每天注意伴侶值得感謝的（至少）三件事。不必是很大的事，可以是很小的事。可以是他的笑容，敘述事情的方式，或早上身體躺在你旁邊的溫暖。可以是她走路的樣子，親你的臉頰，或她的笑聲。

· 想想伴侶為你的人生增添了什麼。如果你一時想不出，可以思考幾個問題：伴侶臨終時，我會告訴他，我最感謝他哪一點？如果伴侶死了，我會覺得一個人活著最艱難的是什麼？

· 每天注意伴侶讓你的人生變得更好的（至少）三件事。同樣不必是很大的事，可以是很小的事，好比一個簡單的事實，她上班賺錢，協助支付你喜歡的東西，或是吃飯時有人和你聊天這個簡單的樂趣，或有人作伴讓你得到更安全的感覺。

· 回想你剛認識伴侶的情形：她有哪些個人特質和優點？他說了什麼或做了什麼吸引了你？那些優點和特質很可能至今還在，只是你不再注意罷了。每天注意伴侶的言行當中能代表其個人優點和特質的（至少）三件事。

· 每天結束時，在日記或練習單寫下你在這些練習中注意到的任何事。

◎ 說出感謝

感謝伴侶會讓你本身感覺更充實、更滿足，但伴侶呢？她如何知道你感謝她？當然，她可能會注意到你有一些正面的改變：看起來更熱情、開放、接受、疼愛，或比較少發脾氣、煩躁、評價或批評。但她完全不知道原因。你為什麼不告訴她呢？你知道當別人認可你的貢獻時，那種感覺有多麼美好，何不讓伴侶也感受這個快樂？下面舉幾個例子：

「我真的很感謝你這麼用心照顧這個家。」

「謝謝你這麼努力讓我們過這樣的生活。」

「真高興我的生命中有你，謝謝你在我身邊。」

「我喜歡你躺在我身邊的感覺。」

「謝謝你努力和我爸媽相處，我知道你很辛苦。」

「謝謝你花時間讀這本書，做書中的練習。我知道這不是你感興趣的事，你願意努力對我意義重大。」

「我真的很喜歡你昨晚在床上和我抱在一起。」

一開始也許不是很自然，但值得繼續努力，直到感覺自然。別忘了，你也可以透過語言以外的方式表達感謝，例如撫摸、擁抱、給他一個吻。或者你可以煮飯給她吃，買花送她，幫她泡杯茶。但語言很重要。對多數人而言，語言很有分量。所以不要只因為你覺得尷尬或不自在就避用語言。

還有一點：如果伴侶真的開始對你說這些話，一定要正面回應。你的大腦可能會對你說故事——**他不是真心的**或**他只是照著書上教的說**。放下那些故事，不要犯了和伊蓮娜一樣的錯誤。羅伯表達多麼感謝她，她竟潑他一大桶冷水。她說：「你聽起來很不真誠，要說就要像真心的。」但羅伯是真誠的。他的聲音可能聽起來怪怪的，因為他有點尷尬。他在學習新的說話方式，因而感覺不太自在——但他真的每句話都是由衷的。果然，被伊蓮娜潑幾次冷水後，他不再嘗試了。這個故事給我們什麼啟示？當伴侶努力感謝你，你一定要感謝他的努力。

表達對伴侶的感謝有很大的額外好處。不僅能拉近彼此的距離，你也能對伴侶的行為產生正向的影響。怎麼說？答案是透過一般稱為「蘿蔔 vs 棍子」原理。

◎ 蘿蔔 vs 棍子

你喜歡蘿蔔嗎？我個人不是特別喜歡，但我可不是驢子。驢子超愛蘿蔔。所以如果你養了一頭驢子，要牠幫你背重物，簡單的激勵方法是在牠的鼻子前吊一根蘿蔔。另一個方法是拿棍子打牠。兩種方法都能讓驢子往前走，但如果你總是倚賴棍子，長期下來你的驢子會變成悲傷的受虐動物。反之，如果你是以蘿蔔激勵，長期下來你會有一個快樂健康的夥伴。

談到激勵，人類和驢子沒有太大的不同。你是否有一個教練、老師、人生導師、父母注意到你做得很好的事，稱讚你的努力和進步？是否有誰只注意到你做得不對或不好的地方？兩者相比如何？

不幸的是當我們想要激勵伴侶時，往往使用棍子多於蘿蔔。棍子有很多種形式：從評斷、批評、指責、吼叫、威脅到退縮都是。這些方法沒有一種有效，也許有時候能讓伴侶稍微動一下，但無法改善長期的關係。

◎ 看到他們做對的時候

不論你們有多少爭執，伴侶一定做過某些事情是你認可的。看看你是否能看到他做得好的時候。每當他做了你認可的事，你要注意到，表達認可，讓他知道你很感謝。經常這樣做，很可能就會增加這類行為。為什麼？很簡單，因為人類喜歡被自己在乎的人注意、認可、感謝，只要能增加這些機率，他們通常就會更常去做。

很多人對這種說法持負面態度，感覺似乎違反常理。這主要是受到我們的教育影響。我們多數人小時候只有做了父母希望的事才會被獎賞，如果沒有照爸媽的意思，可能就會被懲罰。學校大抵也是依循同樣的做法。所以，

伴侶沒有完全照你的希望做卻要獎勵他，這個概念似乎有些奇怪，但這可是建立在豐富的科學證據上。

行為科學家研究如何影響動物的行為已有數十年，多種動物的實驗都得到一致性的研究結果，不論是老鼠、猴子或人類。改變動物行為的最有效方法是獎勵與懲罰的比例維持五比一。換句話說，如果你要對伴侶的行為產生正面的影響，你對他的稱讚要是對他的批評的五倍。是的，你沒看錯，稱讚必須是批評的**五倍**。聽起來很誇張嗎？對杰德而言確實是的。

伊芳和杰德的「經典爭執」是家務。杰德喜歡家裡一塵不染，伊芳覺得普通就可以，不像杰德那麼高標準。她習慣將書本放在餐桌，鞋子丟在客廳地上，外套披在椅背，碗盤沒有洗放在水槽。他煩躁地說：「妳為什麼不能隨手收拾？沒那麼難吧！妳為什麼要把所有的東西隨處亂丟？」

「我沒注意。」伊芳會抗議。

杰德怒道：「沒那麼難吧！張開眼睛看就看到了。」他下班回家常會在屋子裡走一遍，收拾伊芳亂丟的東西，抱怨她這麼懶惰。他完全沉浸在「懶惰太太」的故事裡，因而沒有能感謝她**確實**在很多方面都有幫忙。如果伊芳十次裡有八次將鞋子收好，杰德只注意她沒收的那兩次。如果伊芳一週兩個晚上洗碗，杰德只注意沒洗的五晚。如果伊芳偶爾拿出吸塵器吸地毯，杰德只會想：「她是該動動手指幫忙了！」杰德的策略極度無效，主要理由有兩點：

1. 一直注意伊芳**沒有**做的事更增添他自己的挫折和不滿。
2. 讓伊芳多做家事的最有效方法是注意她**確實**有做的每一次，表達他的感謝。如此可能會讓伊芳感到被重視，將來也就更有動力常做。

我們討論這件事時，杰德有什麼感受？不是很開心：

杰德：但我不應該必須做這一切！她應該自然而然就會去做。我以為女

人理應比男人更愛整潔。

羅斯：這是常見的反應。你有沒有注意到你說了很多「應該」？我問你，當你執著「伊芳應該更愛乾淨」，你們的關係變得如何？

杰德：變得更糟。

羅斯：關鍵就在這裡，你的大腦再三告訴你「伊芳應該更愛乾淨」或類似的話，對吧？我的意思是你的大腦告訴你類似的故事多久了？

杰德：大概從我們認識就開始了

羅斯：好。所以短期內它不太可能停止，對吧？

杰德：對，因為這是事實。她應該更愛乾淨。

羅斯：我想會有幾百萬人同意你，但那對改善情況沒有任何效果。問題是當這個想法浮現時，沉浸其中有幫助嗎？一直去想它有幫助嗎？讓這個想法決定你對待她的方式有幫助嗎？

杰德：沒有。

羅斯：好，那麼你能否在故事浮現時敘述故事，然後放下它？

杰德：我猜應該可以吧。

羅斯：這不是問答節目，不需要猜。這是個簡單的問題：不論這個故事是不是事實，你願意放下嗎？

杰德：我想答是，但覺得我大概做不到。

羅斯：那就檢視你的經驗：十年來你一直沉浸在那則故事，那有帶給你快樂或讓你們更親近嗎？

杰德：沒有。

羅斯：伊芳的行為有因此產生任何持久的改變嗎？

杰德：沒有。

羅斯：那麼，你執著這一點有幫助嗎？

杰德：我猜想沒有。但很難就這樣放下。

羅斯：當然，一定不容易，這種事很難。問題是值得努力嗎？

杰德：聽你這樣講，是的。

　　事實證明放下對杰德是很大的挑戰。接下來幾週，他無數次想要批評伊芳，指出她沒有做的每件事。但他安頓自己的心，閉上嘴巴，練習敘述他的評斷，很驚訝一天當中有那麼多想法。他練習將氣吸入挫折感的所在，保留空間給挫折感。他開始運用正增強（positive reinforcement）。如果伊芳將外套掛在掛鉤而不是披在椅背，他會說：「謝謝妳，伊芳。我知道妳很努力。」如果她將碗盤放進洗碗機，他會說：「謝謝妳放進洗碗機。」如果她鋪床，他會說：「謝謝妳鋪床，讓我的生活輕鬆好多。」

　　慢慢地，伊芳開始愈來愈常整理家裡。為什麼？首先，她感謝杰德努力注意和認可她的付出。這建立了一些善意，激勵她更努力嘗試。第二，減少了吵架和緊張，讓她變得更熱情，心胸更開闊，自然比較會注意到杰德的希望。伊芳和杰德對於整齊清潔的標準可能永遠不會一樣。但現在確實達到較佳的平衡，伊芳比以前更愛整潔，杰德比以前更寬容。這對兩人都是有效的做法。情況永遠不會完美，但話說回來，世界上有什麼是完美的嗎？

第三部

第 19 章
棘手的狀況

問題：「當無法抗拒的力量碰到無法移動的東西時，會發生什麼事？」

你開始傷腦筋了，對嗎？我不知道答案，但有一點可以確定：當關係中發生這種狀況，兩人都會痛苦。發生這種問題的常見狀況包括：

- 一人要小孩，另一人不要。
- 一人要到海外居住，另一人不要。
- 一人要結婚，另一人不要。
- 一人要讓小孩接受宗教的教養方式，另一人不要。
- 一人要頻繁的性生活，另一人不要。

這些是比較棘手、複雜、痛苦、麻煩的狀況，且鮮少有（甚至從來沒有）簡單的答案。傑出的劇作家蕭伯納是這樣說的：「每一個複雜的問題都有一個錯誤的答案。」你的大腦可能不喜歡這種說法，通常會賣力開始尋找解決方案：分析、分析再分析，深思、深思再深思。但你的大腦不太可能成功。不要光聽我說：檢視你自己的經驗就知道了。如果你目前正處於棘手的狀況，請想想：你花了多少時間嘗試解決？你浪費了多少時間深陷在自己腦中的世界，擔憂、煩惱、苦思、分析、憂愁？這對你的關係造成什麼影響？

可悲的是當我們沉浸在這些困境時，會開始覺得伴侶看起來像敵人，結果只會讓情況更惡化。

現實很殘酷：**棘手的狀況沒有簡單的解決辦法！**你能接受這個現實嗎？人生就是要丟給你這個難題。這不是你預期或要求或想要的，但就是發生了，這是人生給你的課題，艱難、痛苦、不公平，但你不能把它丟回去。所以你能否敞開心胸接受這個現實，保留空間給附帶產生的痛苦感覺？

你能否讓你的痛苦發揮正面的作用？你問：「你說什麼？你瘋了嗎？」嗯，沒瘋，雖然看起來有點像。痛苦有一個地方很有用，就是能幫助你培養一種東西，叫做…….

■ 疼惜 ■

英文「compassion (疼惜)」源自兩個古老的拉丁字：com（意指「一起」），以及 pati（意指「承受或受苦」）。因此，「疼惜」的字面意思就是「一起受苦」。現代的用法包含複雜許多的意思。疼惜就是注意與關心別人的痛苦，秉持善良和關懷，真心想要提供幫助、照顧和支持。

對我們多數人而言，在極端的情況下，疼惜心會油然而生。例如我們看到新聞報導衣索匹亞的幼童在挨餓，看到戰火摧殘下的伊拉克母親抱著幼兒的屍體哭嚎，或 911 攻擊事件的倖存者分享親人跳樓死亡的第一手恐怖敘述，我們都會產生疼惜。再舉比較貼近身邊的例子，看到親友面臨人生重大危機，如死亡、疾病、受傷、創傷或離婚時，我們通常也會自發地疼惜。

但日常生活中我們很容易遺忘疼惜，不論是對自己或對別人。這是一個問題。若無法疼惜別人，你很容易就會對他人的痛苦和煎熬視若無睹。若沒有疼惜，你很容易會評價別人，瞧不起、輕視、忽略、拒絕、傷害別人。若沒有疼惜，別人在你眼中不是真實的人，不比一樣東西更有價值。這對你的關係有什麼影響？當你把人當做物品來看，會發生什麼事？當你把**自己**當做

物品來看，會發生什麼事？

■ 培養自我疼惜 ■

疼惜自己就像疼惜別人一樣重要。你愈能培養對自己的疼惜，愈容易疼惜別人，這是多贏的結果。德州大學心理學教授奈夫博士（Dr. Kristin Neff）對這個主題有很廣泛的研究（Neff, 2003）。她認為要培養自我疼惜需要三大要素：和善、共通的人性和正念。下面就來仔細地一一介紹。

◎ 和善

我們在人生的旅途中都不免會搞砸和犯錯，也會沉浸在無益的信念裡。不論我們多努力培養正念技巧，總有些時候會忘記使用。我們會表現出適得其反的行為，傷害我們最深愛的人，有時候會感覺自己能力不足、愚蠢、頭腦不清楚、不可愛、不夠好。這當然都會讓人痛苦。

如果在這種痛苦的時候，你可以向一個無條件接受你的人求助不是很棒嗎？這個人知道你就是你，了解你所有的怪癖、缺陷和弱點，但不會評價、責難或批評你。這人的基本態度是：「嘿，我會支持你。讓我幫你。我知道你正承受痛苦，你受傷了。不論你需要什麼，我都支持你。」疼惜自己就是以接受、溫暖、善解的心態向自己伸出雙手，也就是表現極大的和善。

◎ 共通的人性

當你感到痛苦時，你的大腦會告訴你，只有你在受苦，每個人都比你快樂，別人不像你那麼痛苦，別人不像你那麼會搞砸或失敗。但如果你緊抓住這個故事，只會讓你更加痛苦。如果你感到愧疚、恐懼、憤怒、能力不足、孤單、羞愧或不滿，要記住，這些都是人類的正常經驗。此刻，全世界有千千萬萬的人正承受著和你非常相似的痛苦。

事實是所有的人都會感到痛苦。當然，每個人的感受程度可能不同。一個孩子若是生長在戰火摧殘下的第三世界，經常挨餓，感受痛苦的程度很可能遠大於在西方國家的中產家庭成長的孩子。但這不是重點，重點是體認你是凡人。每個人都會因為失去、被拒、失敗、挫折和失望而受影響，每個人都會發脾氣，做出將來後悔的事，每個人都會搞砸。你愈能體認這一點，接受自己是凡人，就愈能和善溫柔地對待自己。

◎ 正念

你對正念已經有很多認識，希望也愈來愈常修習正念。當我們能保留空間給痛苦的感覺，將它從與自我懲罰、自我批評的故事脫離糾結，這就是另一種和善的表現。

◎ 自我疼惜的訣竅：總整理

下面是培養自我疼惜的一些技巧：

從正念呼吸開始。緩慢深呼吸。不論身體哪個地方感到最不舒服，將氣吸入那裡。想像氣體進入痛苦的所在與周遭，感覺那個地方愈來愈開闊。

將手放在最痛苦的地方。想像這是療癒的手，手的主人是有愛心的醫生、護士或父母。感受暖流從你的手流向你的身體，想像痛苦的部位四周變得柔軟。輕輕地抱著痛苦，彷彿那是一隻受傷的小狗或哭泣的嬰兒。

和善地對自己說話。假設你愛的人和你現在一樣受苦，你會說什麼讓對方知道你很在乎？試著對自己說出同樣的話。

想像你是一個幼兒，這個孩子就像你一樣受傷。如果你要讓他知道你有多在乎，你會對他說什麼？對自己說同樣的話，帶著同樣的在乎、關心與和善。

承認你是凡人。如果你過度責怪自己不該搞砸，請提醒自己：「是的，我是凡人。就像世界上每個人一樣，我並不完美。」

拿出你的好奇心。問自己：「這件事讓我對人性多了什麼理解？」「讓我對家人、朋友及所有受苦的人多了什麼體會？」

記住痛苦告訴你的事。這個痛苦要告訴你很重要的三件事：

1. 你活著：這是好的開始。

2. 你是凡人：人在受苦時就是這種感覺。

3. 你有心：如果什麼都不在乎，就不會有這些痛苦的感覺。

自我疼惜不會解決這些痛苦的問題，但能夠幫助你面對壓力時處理得更好。然後你就可以把心思放在……脫困。

■ 脫困 ■

從本章一開始敘述的棘手狀況脫困顯然說起來容易，做起來比較困難。下面的建議不應視為「解決方案」，只算是提供一些點子，幫助你更有效因應這類艱難的問題，讓你在痛苦當中找到些許生命力。

◎ 給自己一點 LOVE

LOVE 這帖藥方：放下、打開心扉、依循價值觀、用心投入可以給你什麼幫助？你是否迷失在心理迷霧中？你可以放下，不再執著於那些無益的故事嗎？你是否緊抓著「我對你錯」、「壞伴侶」、「太困難」、「沒希望了」等故事？你是否能打開心扉，保留空間給痛苦的感覺？即使正辛苦經歷這些難題，你是否還能依循價值觀生活？你是否能充分投入你的生活和關係，即使此刻正深陷痛苦的衝突？

◎ 與你的價值觀連結

　　不論你面臨什麼棘手的問題，你們很可能已經討論了一段時間。所以你希望在討論的過程中表現怎樣的行為？你要表現開放、誠實、疼惜、關懷和尊重？或者表現敵意、欺騙、連結的關係減弱、逃避和輕蔑？如果你能記住你的核心價值觀，你們的促膝長談會進行得更順利。然後伴侶在你眼中將不再是敵人，只是與你意見不同的朋友。

◎ 擴展疼惜

　　將疼惜擴及你和你的伴侶，坦承情況確實艱難，讓彼此知道自己有多受傷。你既知道伴侶就像你一樣受傷，是否能承認他的痛苦，在言語和行為上都善待他？你們戀愛時從來沒有預期有這個問題，現在兩人都陷入這個現實的困境：感覺被壓迫到幾乎無法呼吸，愈來愈沒有活力。你們兩人都不希望如此，都需要也值得被關懷被善待。

◎ 穿上別人的軟皮鞋

　　美國印地安人有句著名的諺語：「絕不要評價一個人，除非你曾穿上他的軟皮鞋走上一哩路。」碰到痛苦的兩難局面時，心理迷霧很快就會變濃。走出迷霧的一個方法是有意識地從伴侶的角度看事情。這並不表示你就必須贊同她，只是嘗試了解她的想法。如果你真的可以設身處地從對方的角度思考（穿上她的軟皮鞋），就比較不會嚴厲地評價她，或執著於「我對你錯」的想法。此外，當你花時間從她的角度看事情，她會感覺被珍惜、被尊重，有利於更具建設性的互動。這是很基本的道理，所有的協商與溝通課程都會教導。《與成功有約》（The 7 Habits of Highly Effective People）的作者柯維（Stephen Covey）說的一針見血：「你要先努力了解別人，然後再努力被了解。」

　　第一步是先站在伴侶的立場想，他恐懼什麼？她執著於什麼觀念和假

設？這些想法存在多久了？是何時開始的？他希望未來怎麼樣？她擔憂若照你希望的去做會發生什麼事嗎？她為什麼很在乎那件事？

第二步是驗證看看是否真的如你所想的。你可以這樣說：「我試著從你的角度看這件事，我希望你告訴我，我的了解對不對。你想要的是 A、B、C⋯⋯，但你害怕的是 D、E、F⋯⋯，是這樣嗎？」

第三步是繼續對話，直到伴侶覺得你了解他的觀點了。這麼做可以傳遞一個很有力的訊息：「我對你很感興趣，請幫助我了解你，讓我們以伴侶的身分而不是敵人的身分來解決這個問題。」這是關懷和連結的表現，雖未必能改變狀況，但確實能創造有利持續談話的氣氛。

◎ 從垃圾裡找出黃金

有時候自私是好的。當人生丟了一堆垃圾到你頭上，你要自問：「我可以從裡面得到什麼？」聽起來似乎是很奇怪的問題，但有可能會讓你的人生完全翻轉。如果你願意仔細看，你會在垃圾裡找出黃金。人生的每個問題都讓你有機會學習、成長、培養個人的優點，例如正念、接受、放下、毅力和耐心。我們都不希望碰到這些痛苦的問題，但若被迫面對，不如從中找出有用的東西。例如我們可以因為自己受過苦而學會疼惜，更能夠與需要我們的人連結和提供支持。威爾森（Kelly Wilson）是 ACT 的創始人之一，認為受過苦能讓你培養「情緒的聽診器」，聽到別人心中的痛苦。

喜劇演員魯德納（Rita Rudner）說：「我覺得結婚很好，代表你找到一個特別的人，讓你想要下半輩子一直煩他，真的太棒了」。這句幽默的話透露出很重要的事實：在任何關係裡，你總會做一些事讓伴侶不開心，反之亦然。你們是不同的人，來自不同的家庭背景，有不同的想法，不同的做事方法，這些差異遲早會引發緊張和衝突。但不論情況變得多糟糕，只要你的心態是對的，你都可以獲得某些益處。每一個棘手的狀況都是培養心理彈性的機會。因此，你要一再問自己：「我要如何在過程中得到成長或發展？」

邱吉爾說：「悲觀的人在每一次機會裡看到困難，樂觀的人在每一次困難中看到機會。」所以，想像你的伴侶是高薪禮聘的居家個人教練，你花一小筆錢聘請來幫助你培養某種重要的生活技能。她的方法很不傳統，有時候會把你搞瘋。但你總希望花的錢有代價吧！那麼她可以幫助你培養什麼重要的生活技能？正念、接受、寬恕、放下、自我肯定、疼惜、耐心？你不會因為這樣的心態而喜歡或想要垃圾，但可以幫助你發現裡面的黃金。

第 20 章
聖誕節休戰

　　1914 年冬天，一次世界大戰還在進行。德軍和英法對戰才短短幾個月，兩邊都死了數十萬士兵。想像你是比利時法蘭德斯戰場上的一名英國士兵，飢寒交迫，骯髒疲倦，住在滿是泥濘、老鼠為患的壕溝，離家千里遠，很怕自己會戰死沙場。黑夜來臨，天氣酷寒，你不敢相信明天就是聖誕節。突然你看見德軍的壕溝似乎有什麼東西在閃亮。你無法相信自己的眼睛！是聖誕樹，還用蠟燭裝飾。德軍正唱著你熟悉的聖誕歌，完全不一樣的語言，但曲調一樣！

　　溫特勞博（Stanley Weintraub）在《平安夜》（Silent Night: The Story of the World War I Christmas Truce）一書裡敘述接下來發生的事：「英軍對樹射了幾發子彈後，好奇心超越了戰鬥心，爬上前觀賞和聆聽。一會兒之後，他們也開始唱歌。到了聖誕節早晨，壕溝間的『無人地帶』擠滿互相友好的士兵，分享配糧和禮物，有時唱歌，有時（較嚴肅地）在兩軍之間掩埋死者。不久，他們甚至踢起足球」（Weintraub, 2001）。

　　「聖誕節休戰」一定是人類歷史上最神奇的事件之一。幾個月來毫不留情互相廝殺的敵軍放下了武器，爬出壕溝，交起朋友。他們一起唱歌交換禮物，分享香煙、巧克力蛋糕、干邑白蘭地，拿空罐頭在冰凍的泥地上踢足球。遺憾的是，休戰只維持了幾天，不過這無損於這個事件的意義：清楚證

明即使在嗜血的戰場上，我們永遠有可能和自己的核心價值觀連結。

■ 和解 ■

我們都可以從這個故事得到啟發。有時候我們太捲入和伴侶的衝突，遺忘了自己的心。我們抱著憤怒、不滿和怨恨全副武裝衝向戰場，不計代價，一心只想要贏。或者我們縮在壕溝裡，等待出手的機會。這種姿態是沒有生命力的，最後只會落得悲慘、孤單、精疲力竭。

所幸，希望還是存在的。任何時刻我們都可以宣布休兵，只要願意，我們可以停止吵架，向伴侶伸出雙手，努力修補已造成的傷害。這樣的選擇對兩人都比較好。我們每一次嘗試停戰、主動示好、修補和重新連結，都在傳遞強大的訊息：「我在乎你！」我們因此能與自己的心連結，提醒自己這段關係的意義是什麼。

我們雖直覺知道這麼做很有道理，但若是有堅實的研究支持，還是會讓人更加放心。前面提過高特曼的廣泛研究，他的資料很清楚顯示，關係美滿的一個關鍵因素是能夠經常傳送與接收「嘗試修補的訊息」（Gottman and Silver 1999）。他所謂「嘗試修補的訊息」是指意圖修補關係的任何語言、行為或姿態。高特曼的研究顯示，夫妻若是善於修補，即使經常吵架，關係也可以很健康，能公平吵架的夫妻更是如此。

但高特曼的資料顯示，不只是傳送訊息，接收也很重要。如果你能留意這些和解的語言和姿態，能注意到並表達感謝，就能促成連結和療癒。但如果你的伴侶主動示好，你卻將他推開，把自己關閉起來或不斷攻擊、轉移話題、不當一回事、忽略伴侶嘗試修好的努力，就不可能促成連結和療癒。反而會讓傷口變得更深，甚至開始化膿。

你有很多方法可以釋出修補的訊息，下面幾個點子可以供你參考：

表露你的痛苦。停戰的一個方法只須卸下武裝，顯示你的傷口。你可以

幸福關係的防疫處方箋

說：「好痛」、「我真的受傷了」、「我頭好痛」、「我壓力好大」、「我很害怕」、「我開始有點傷痕累累的感覺」。

要求停火。一個簡單的策略是直接要求停戰。你可以說：「我們可以休戰一下嗎？」「這樣吵下去不會有結果。」「我處理不來，需要休息一下。」「我們暫停一下可以嗎？」「我們可以同意彼此意見不同嗎？」或甚至「我們可以不要再吵了，擁抱一下嗎？我真的需要抱一下。」

要求更好的狀況。另一個選項是繼續吵但改變吵架的情況，好比：「可以請你小聲一點嗎？」「我很願意討論這件事，但請不要大吼。」「感覺好像不太光明磊落，我們可以公平地吵架嗎？」「請不要離題。」「可以請你再說一次，但去掉所有的評斷嗎？」

承認沒有意義。你可以指出再吵也沒有結果，例如說：「這沒有意義，不是嗎？我們根本毫無進展。」「我們耗費了太多時間、心力，不是嗎？」「我們還要為這件事吵多久？」「感覺好像在拔河。」

善用幽默感。本書的很多脫離糾結的技巧都可搭配幽默感使用，好比：「我們的吵架狗好像又沒綁好了。」「我想我內在的鯊魚剛剛跑出來了。」「我們倆都陷入『我對你錯』的故事。」「我剛剛很想要掐死你。」如果你和伴侶做過十五章為吵架戰術取名的練習，你可以大聲指出來：「我想你剛剛是在翻舊帳」或「好厲害的銀背黑猩猩招數。」

穿上對方的軟皮鞋。如同前一章提到的，如果你們能一起努力從對方的角度看事情，通常能改善狀況。你可以說：「我不明白你的意思，請幫助我了解。」「讓我試試能不能從你的角度明白這件事。」

道歉。當我們融入「我對你錯」的故事，最不想說的就是對不起。但也因此這句話可以發揮很大的力量，很有療癒效果。下面是幾種可能的說法：「我很抱歉，我無意傷害你。」「我很抱歉，我真地把事情搞得亂七八糟的。」「我們可以按倒帶鍵，從頭開始嗎？」「我無意表達出那樣的意思，你可以讓我試試不同的說法嗎？」「我又犯同樣的錯誤了，對不對？對不

起。」「我明白這帶給你多大的傷害。可以請你原諒我嗎？」「我怎麼做才能修補錯誤？」「我怎麼做才能和好？」

■ 永遠把 LOVE 擺在第一位 ■

要有效釋出或接收修補的訊息，你必須用心注意。如果你深陷在自己腦中的世界或採取機械模式全速往前衝，就無法做到。所以，要把 LOVE 擺在第一位。拋錨碇泊、腳用力踏在地面、放慢呼吸、專注當下、注意大腦告訴你什麼。將氣吸入你的感受所在，和你的價值觀連結。這只需要花幾秒鐘的時間，就像看電影看到一半按暫停鍵，那一瞬間，戰爭的場景便停住了。你只需要這幾秒鐘就可以發揮很好的效果。暫停、呼吸、專注當下，然後再次投入彼此的互動，這次要在價值觀的引導下做出回應。

如果你是接收的一方，也是一樣的。如果你迷失在自己的心理迷霧中，就無法看清伴侶在做什麼。她就在那裡揮舞白旗，你卻還不停射擊。你必須放下大腦無益的碎念，像是**她不是那個意思，她是在拐個彎批評我，別妄想你可以這麼輕易脫身**。如果你意識到任何訊息有一點點像是要嘗試修補，不論透過迷霧看過去多麼模糊不清，都要暫停、呼吸、表達你收到訊息了。表達的方式可以是微笑、點個頭，或說出類似這樣的話：「謝謝」、「我懂你的用心」、「有道理」、「我也很抱歉」或甚至「你說得對，這沒有意義。我們根本毫無進展。」你也許不是自然而然就會這些，但這是建立穩固關係不可或缺的。

■ 如果伴侶有意願 ■

除了前面列出的幾點，當然還有其他修補方法。你們可以腦力激盪出更多說法或做法，讓衝突緩和、幫助你們和好，或兩者兼具。腦力激盪時不妨

將下列三件事納入考慮：

- 回想以前的衝突，是否發現你說過做過哪些事讓傷害減低或快速修補。
- 同意未來可以使用哪些語言、詞彙、姿態嘗試修補。
- 兩人協議好要注意彼此的修補訊息：要承認與接受，即使你感到生氣、受傷或不滿。

■ 提醒 ■

如果伴侶誤解你的話或姿態，這些技巧都可能適得其反，所以要清楚表明你在嘗試修補。必要的話可以直白地說：「我現在很努力在修補。」此外要誠實面對自己，如果你沒有注意自己的意圖，很容易會將某些話翻轉成為攻擊、奚落、嘲弄和貶抑。所以你在嘗試這些策略時，要記住關於連結和關懷的價值觀。吵架當頭很難做到，但就像所有的事情一樣，多加練習就會愈來愈容易。

如果書中的內容你忘得一乾二淨，真的吵得不可開交，也沒關係：當你意識到這件事時，你有幾個選擇。你可以安頓心情，開始修補；或者你可以斷開連結，嘗試逃避；或者你可以深陷在自己腦中的世界，煩惱、生悶氣。選擇權在你。但有一點是確定的：持續選擇第一種做法會讓你在某個方面得到很大的收穫，那就是……

第 **21** 章
親密

　　問題的關鍵是什麼？你為什麼要費心改善關係？你真正重視的點是什麼？這些都是大問題。但對多數人而言，一個主要因素是渴望真正被了解、被接受。儘管你面對周遭的世界時躲在各種偽裝的背後，日常生活中常戴著面具，但如果有人看到你很努力隱藏的缺點和弱點，還能繼續接受和喜歡你，你會感覺真正被深愛。讓別人「看到真正的你」通常稱為「親密」。英文的「親密」（intimation）源自拉丁文 intimatio，意思是「被了解」，也就是指兩人之間有深刻親近的連結。我們至少可以從三個方面來探討親密：

身體的親密：讓伴侶熟悉你的身體。

情感的親密：讓伴侶知道你的感受。

心理的親密：讓伴侶知道你在想什麼，包括你的價值觀、目標、意見、信念、欲望、期望和幻想。

　　最深刻親近的關係通常在這三個領域都很親密。（但未必總是如此。一定要記住，每對夫妻都是獨特的，沒有所謂「正常」的固定模式。凡事都要回到「可行性」來探討，而不是講求「正常」。你要想想怎樣最能豐富和深化你們獨特的關係，而不是追求「專家」所說的正常。）

■ 真正的親密 ■

　　親密是雙向道，要建立真正親密的連結，兩人都必須讓伴侶「了解自己」。這不能是情勢所逼，或被人強迫。真正的親密是有意願的行動，你有意願讓伴侶在情緒、身體、心理等方面了解你。如果你做這件事是不情願或心懷不滿，或出於被迫、愧疚、恐懼等感受，那會是破壞性的經驗，無助提升關係。

◎ 承擔風險

　　在情緒與心理上打開心扉得承擔風險。如果你告訴伴侶你的感受或想法，可能會被批評、打分數、否定，可能會被嚴厲批評為「軟弱需索」、「自私貪婪」等等。伴侶也可能會逃避、排拒、嘲笑你、拿你開玩笑，甚至可能利用聽到的這些內容來操控你或刻意傷害你。

　　但願這些事都不會發生，但誰也無法保證。事實上，前述的某些情況可能已經發生在你目前或以前的關係裡。所以當你向伴侶打開心扉，你是在承擔真正的風險。人類承擔風險時就會感到焦慮（或恐懼、不安、不自在、緊張、緊繃，你怎麼形容都可以。）你不可能避免這些感受，因為就像前文討論的，每當我們面對富挑戰性的情況，我們天生就會產生打或逃的反應。所以問題在於你是否願意保留空間給你的不自在，以便建立起更親近、更深刻的關係？

　　如果你的答案是否定的，那麼你的關係會欠缺親密。如果是肯定的，那麼明智的做法是考慮如何讓風險減到最小。莽撞或衝動都沒有意義。

◎ 安全的親密

　　要盡量降低親密關係的風險，一個方法是放慢速度，「試驗性」地做點小改變，觀察伴侶的反應。想想有什麼細微的方式可以稍微更親密一點，

也許你可以分享一點你的感受。例如你可以說：「我感覺今天有些煩躁」、「我在擔憂某某事」、「我好愛你」、「某某事讓我很生氣」。或者你也可以表露你的真實意見，而不是閉口不言或說出言不由衷的話。或者你可以告訴伴侶你的夢想、希望、目標，而不是只放在心裡。

當你承擔這些小小風險時，注意伴侶的反應。如果他的反應是開放、關懷、有興趣和接受，這是好兆頭，顯示你可以信任他。如果他的反應帶著敵意、退縮、輕蔑、冷漠或拒絕，這不是好徵象，這類反應只會破壞信任。

反過來也是一樣。如果伴侶開始向你打開心扉，要讓他感到安全。你要用心回應：帶著開放好奇的心注意聆聽，記住貢獻、連結和關懷的價值觀。當你讓伴侶有一個可以打開心扉的「安全空間」，你就是在促進他的健康和幸福，在建立深刻的連結，在表達你很在乎。

要如何營造這樣的空間？首先，與那些自動在你腦中冒出來的評價、批評和其他無益的故事脫離糾結，這些想法浮現時，你雖然注意到了，但你要任其來去。第二，要用心投入：全神貫注在伴侶說的話和做的事，讓他成為你的注意力焦點。第三，表示你在乎。一個特別有效的方法是透過所謂的「確認」（validation）。

◎ 確認理解感受

在某些情況下，你和伴侶有時能夠意見一致，對問題的看法相似，感受也差不多。這時候兩人都會產生團結、協調和被支持的感受。但通常情況都不是如此，你和伴侶可能常常對各種主題、問題、情況有不同的看法和感受。這些差異有時很微小，有時很巨大。這時候要留意「我對你錯」的心態。一但被這種故事吸引住，你會表現出好像你的想法和感受才是「對的」，伴侶的是「錯的」。這對於營造親近感和親密關係有什麼效果？

確認理解伴侶的感受就只是承認與接受對方的感受。換句話說，你了解這是伴侶此刻的感受，雖然與你的感受不同。你尊重她有權擁有自己的想法

和感受。你要培養接納的心態：「你的想法和感受不同於我，我可能不喜歡這樣的差異，但我願意接受。」

你自然會評斷伴侶的想法和感受，這是人性使然，但你可以不執著地拋開那些評斷，敞開心胸，了解這是伴侶看待世界的方式，這就是她的感受和想法。她看事情和你不同一點都不值得驚訝：你們本是不同的兩個人。如果你對她有很私密的了解，包括她的基因和生物組成，腦部和神經系統的結構，以及她一生中重要的學習經驗，那麼你會覺得她的想法和感受完全自然正常，雖然可能和你大不相同。

確認理解意指你讓伴侶知道，雖然和你的不同，他可以有自己獨特的想法和感受。如果你不願意這麼做，如果你執著於伴侶不應該有那樣的感受或想法，你會付出什麼代價？這對你們的關係有什麼影響？確認理解是很重要的關懷表現。意思不是贊同伴侶，也不表示你喜歡或認可他的想法和感受，只表示接受他，讓他做自己。

如果你開始攻擊、批評、評斷、挑戰、淡化、不當一回事或忽略伴侶的想法和感受，這叫做「否定」（invalidating）。否定伴侶的感受很傷人，也會造成破壞，破壞信任，阻礙親密。要真正確認理解伴侶，你不僅要拋開自以為是的念頭或評斷，還要保留空間給你自己的不自在。當伴侶顯露她的內心世界，你往往會產生不自在的感受，從焦慮、不耐煩、挫折到愧疚都有可能。你的挑戰是敞開心胸，讓你自己的不自在不會太痛苦。

所以確認理解始於正念的「心態」。接著要表現相關的言行，行為方面包括握手、依偎、靜靜坐著專心聆聽。言語可以包括：

「感覺好痛，你一定很受傷。」

「你會有這種感受很自然。」

「這件事對你一定很難。」

「多告訴我一些。」

「我會支持你。」

「辛苦你了，我可以怎樣幫你？」

這些只是部分例子。你何不和伴侶討論，看你們各自覺得哪一類的言行可發揮確認理解的效果？長期下來這會帶來很大的益處。這裡舉幾個例子……

■ 讓性生活更美滿 ■

很多人任意將關係分割成兩個部分：（1）性生活，（2）其他。這種區分法通常無益。把性想成只是更愉悅的連結方式通常更有用。有些人預期即使關係很糟，嚴重欠缺連結、經常被動反應、逃避，應該還是能夠享有很棒的性生活。請再想想看！你或許可以找到罕見的例外，但關係裡若有明顯的耗損因子，例如：連結減弱、直覺反應、逃避、陷在腦中的世界、忽略價值觀，通常對性生活都會有負面的影響。畢竟，如果你們出了房間無法有愛的連結，在房間裡為什麼會有任何不同？

一般而言，如果你的性生活不好，首先應把重心放在扭轉關係裡其他領域的耗損因子。當你能重建關懷、連結、疼惜和信任，便比較容易營造更美好更愉悅的性生活。反之，如果你在關係充滿緊張時嘗試修補性生活，成功的機會不大。一旦關係愈來愈好，你就可以實踐 LOVE：放下、打開心扉、依循價值觀、用心投入來提升性生活。

■ 性與放下 ■

要提升性生活，你可以放下哪些無益的期待、規則和評價？下面是常見的幾項：

- 伴侶應該喜歡（或至少同意）你喜歡的性方式。
- 你或伴侶應該想要更多或更少性生活。

・你或伴侶應該有更理想的勃起或高潮。

・你或伴侶應該更容易／更常／更快／更慢勃起或高潮。

　　如果你融入這些期待，你會一再體驗到焦慮、挫折或失望。為什麼？因為高潮、勃起、個人品味和性衝動會有很大的差異。不只是人與人之間，每一週、每一天都可能不同。所以如果你太執著於你的期待，沒多久就會發現現實讓人很難接受。

　　談到性，表面的態度可能是「我正常你不正常」，但隱藏在後面的是「我對你錯」的心態。如果你糾結在這類故事，尤其是關於前戲、體位、自慰、情趣用品或做愛的「時、地、方法」，恐怕會產生很多問題。如果你緊抓住這些故事，就是準備迎接衝突而不是快樂。評斷性能力、技巧或外貌也是一樣的道理。

　　你會抱持這些規則、期待和評價很自然，但如果你不願放下執著，迷霧會濃到讓你看不清自己的房間！所以你要注意到這些偏見的存在，賦予它一個名稱，不要太當一回事。

■ 性與打開心扉 ■

　　你是否願意探索新方法（或重溫舊方法），讓性生活更多彩？如果願意，我建議你閱讀康福特博士（Dr. Alex Comfort）所寫的《新版性的愉悅》（The New Joy of Sex）（詳見推薦書單）。書中提供很多點子可以擴展或改善你的性生活。但如果你要嘗試新事物，重新發掘舊樂趣，或停機很長一段時間後重新展開性生活，你很可能會感到焦慮、脆弱、緊張、尷尬或不自在，至少剛開始時。所以你是否準備好接受這些感受？你是否能為了營造更好的性生活而保留空間給這些感受？

　　當然，你也必須尊重你關於自我關懷和自我尊重的價值觀，不要做任何

違背這些基本價值觀的事。**切記**：親密是有意願的行動。如果你是被情勢所迫和被人強迫去做違背意願的事，那就不叫親密了！

■ 性與依循價值觀 ■

你對於性的價值觀是什麼？是連結、關懷、享受感官樂趣、分享身體的快樂、表現你的性感、證明你的愛嗎？很多人將性變成目標取向的事，一心追求高潮反而毀了性生活。高潮通常是愉快的經驗，但如果變成性生活「最重要的事」，這種態度遲早會製造問題。為什麼？因為會有很多時候你或你的伴侶無法高潮或勃起，或者你太早、太慢或根本沒有高潮。常見的理由包括疲倦、壓力、焦慮、沮喪、身體疾病、藥物、酒精、年老或關係裡持續緊張。有時候根本沒有明顯的理由，就是發生了。

一種常見的故事是：「性的重點就是高潮，沒有高潮就不是美好的性！」如果你執著於這個故事，你認為會發生什麼事？這會造成氣氛緊繃，讓人真的感覺必須展現性能力和達成目標的壓力。通常這又會導致「表現焦慮」（performance anxiety）：做愛時產生焦慮、壓力或對失敗的恐懼。問題是當你感到壓力或焦慮時，你的性器官會「關閉」，讓你幾乎不可能有高潮、控制射精、保持勃起。所以你愈是感受到「表現」的壓力，愈可能產生性方面的問題。有人看到這是個惡性循環了嗎？如果這個循環繼續下去，沒多久其中一人或兩人就會開始完全逃避性生活，因為性變成充滿不愉快的感受！

如果你的性生活以價值觀而非目標為導向，就很容易打破這個惡性循環。你不會把重心放在勃起和高潮，而會將性當做與伴侶連結以及關懷伴侶的方法。這個心態會讓你自由。連結和關懷可以有很多不同的方式，不論你是否有勃起或高潮。你可以透過親吻、擁抱、按摩、口交、自慰、共浴、穿著一堆衣服在沙發上依偎來落實這些價值觀！你們可以上床探索彼此的身體

而沒有準備要性交，可以嘗試不同的方式觸摸彼此，看看怎樣會有愉悅的感受，可以探索身體的每個部位，不只是胸部或性器。你們可以做愛而沒有嘗試達到高潮：純粹只是要分享愉悅或創造連結感。當然，你的大腦可能會抱怨，**那不是真的做愛**！但執著於這個故事會讓你付出什麼代價？

要記住一個重點：關懷的價值觀非常重要。性未必總能按照你喜歡的方式發生，這是必然的。所以當發生你不喜歡的狀況，如果你深陷在自己腦中的世界，或馬上進入直覺反應模式，你可能會說出或做出各種傷人的言行，摧毀了信任和親密，長期而言這又會讓你的性生活愈來愈糟。所以這告訴我們一個簡單的訊息：你要記住關於關懷的價值觀，同時不論發生什麼事，務必從事安全的性！

■ 性與用心投入 ■

正念能夠神奇地增進身體的親密。不論是親吻、擁抱、愛撫、依偎、牽手、撫摸、脫衣、擁抱或前戲、口交、性交，正念都能讓愉悅和深度連結感更強烈。當你用心感受自己身體的感覺以及伴侶的反應，性會成為讓人全神貫注與用心投入的經驗，遠比你完全沉浸在自己的想法或專注達成高潮的目標時更愉悅得多。

■ 豐富的選擇 ■

如果我們將「親密」寬鬆地定義為包括全部三項元素：身體、情緒、心理，顯然有很多方法可以更上層樓。下面舉出幾項來幫助你思考：談論感受、分享希望和夢想、摟抱、討論人生哲學、牽手、顯露你最深的恐懼、熱吻、共浴、分享快樂的回憶、性交及計畫度假。如果兩人都抱著開放、投入、關懷的心態，自然有無窮的機會可以營造親密，你唯一需要的是一點想像力。

第
二
部

第 22 章
舊語新解

人活在世上都不免受傷害，有時候是被別人故意傷害（因為種族主義、偏見、競爭、報復等因素），也可能是因為憤怒、殘酷或想要讓別人有好印象。但更常見的狀況是無意的傷害：因為焦慮、不安全感、羨慕、嫉妒或純粹無知。

無知是傷害別人的一大因素。想想你多常說出或做出你從來沒有預期會傷人的言行，而在無意中傷害了你真正在乎的人。欠缺覺察是另一個常見的原因。你有多少次讓某人難過或受傷，只因為你沒有注意自己在做什麼，以及對方會受到什麼影響？或者因為你太沉浸在自己的想法、感覺和煩惱，忽略了別人也有他的想法、感覺和煩惱？

不論別人的動機是什麼，我們每次受傷都會感到痛苦。事情一旦發生了就是發生了，我們不能回到過去改變它。有時候我們能夠接受傷害，繼續生活下去。但更多時候我們會緊抓不放，還將傷害加倍放大，好比對已發生的事憤怒難消，將怒氣發洩在周遭的人身上，過程中往往便傷害了別人。或者我們會在腦中一遍又一遍重播痛苦的記憶，徒勞地一再傷害自己。或是幻想如何報復，結果卻只是讓憤怒和怨氣更加倍放大，讓自己更加不滿足。或者我們會喝酒、抽煙、暴飲暴食、嗑藥，或以其他方式讓注意力從痛苦轉開。

我們的大腦會說這類的話：**為什麼是我？怎麼會發生這種事？太不公**

平了！我不應該受到這種待遇。如果是重大傷害，你的大腦甚至會告訴你，你永遠走不出來了，發生的事讓你永久受損，或甚至說你活該！可以確定的是：如果你沉浸在這些故事裡，你的健康和生命力很快就會被吸乾。

當某件事讓你想起以前的不快經驗，痛苦的想法和感覺當然可能會再次浮現，這是無法避免的，你的腦子天生就是如此。但如果你緊抓著那些想法和感覺，不肯放下，只會轉化成滿腔的忿忿不平。如此傷口不但不會好，還會被你撕開來撒鹽。英文「怨恨」（resentment）」源自法文 resentir，意思是「再感受一次」。當你緊抓著怨恨，就會一次又一次重新感受痛苦。

佛教有句話說：怨恨就像拿著火燙的紅炭丟向別人。當你執著於過去的傷害，就是在培養憤怒、怨恨和報復的感覺。這些感覺傷害的是你，不是對不起你的人。那就像拿刀子割自己，卻希望另一個人流血。

■ 怨恨的解方 ■

那麼怨恨的解方是什麼？答案可能不是你喜歡的，就是寬恕。但 ACT 對這個舊詞有新的解釋，或者應該說舊解。你知道嗎？英文「寬恕」（forgiveness）是「給」和「先」二字組合起來的。所以你可以把寬恕想成「將原本的東西還給你自己。」換句話說，「不好的事」發生了，留給你的是憤怒和不平。但你在「不好的事」發生**之前**擁有什麼？你有心靈的平靜和滿足，你能夠活在當下，而不是悲慘地一直想著過去。所以「寬恕」的意思是你把這些還給自己。你不是為任何人做的，純粹是為了你自己好。

ACT 是這樣看待寬恕的：

- 寬恕是要減輕你自己的苦，讓你的生活繼續下去。
- 寬恕不代表遺忘、原諒、赦免、貶低重要性或合理化任何已發生的壞事。
- 寬恕不代表你必須對相關的人說什麼或做什麼。

· 寬恕是純粹為自己。你還給自己原本存在的東西，你的生活、幸福和活力！

◎ 如何才能寬恕？

寬恕需要 LOVE。當痛苦的想法和記憶浮現時，練習放下。注意它們的存在。你願意的話，可以加以敘述、任其來去，就像河流上漂流的樹葉。或將它握緊在拳頭裡，然後打開手說：「讓它去。」或只是專注你當下正在做的任何事：注意你能看、聽、摸、嚐、聞到什麼。當你將整個舞台秀的燈光都打亮，這些想法和記憶變成只是整場精彩表演的一小部分。

當憤怒或不平的痛苦感覺浮現，記得敘述它和馴服它：注意那個感受，承認它的存在，保留空間給它，擴展覺察範圍。任由感受自行來去，不要據以採取行動、與它對抗或執著在上面。

你要一次又一次回到心理靈活性的基本原則：專注當下，打開心扉，做重要的事，亦即依循你的價值觀去行動。把這件事變成你有意識的選擇，而不是不假思索地耽溺在自毀式的行為，像是斥責對方，為了無法改變的過去陷入苦思，或嘗試透過食物、酒精、藥物、電視等等去除你的痛苦。當然提供建議很簡單，做起來不容易，對我們多數人而言都不是自然而然就會的。但如果你真的重視健康、生命力、心靈的平靜、活在當下、繼續過你的生活，難道不值得努力？

■ 如果伴侶有意願 ■

很多夫妻發現創造自己的寬恕儀式很有療癒效果。下面介紹基本的元素，你可以運用創意改成更符合個人需要。

步驟一：兩人各寫一封信，完成下列句子：

· 我一直緊抓不放的想法、感受和記憶包括：

．執著這些對我們的關係造成下列的傷害：

．我要依據下列價值觀營造更美好的關係：

步驟二：兩人在信末用自己的話寫下某種承諾，決定讓這些痛苦的想法和感覺自行來去，不再緊抓不放。

步驟三：挑選一個特別的地方，大聲念信給彼此聽。可以在家裡某個特別的房間或是公園、海邊。一人讀信時，另一人帶著疼惜用心聆聽。

步驟四：做某件象徵重新開始的事，例如將信燒掉，灰燼撒掉。

步驟五：做一件懷著愛互相連結的事，例如親吻、擁抱、出去吃飯或共同沐浴。

■ 信任的角色 ■

寬恕不等同於信任。如果伴侶曾經欺騙、背叛、誤導你，可能要花很長的時間重建信任。所以接下來要探討……

第三部

第23章
建立信任基金

「他怎能那樣對我？」

「我以前怎麼會相信她？」

「我為什麼沒有預料到？」

「我如何還能再信任他？」

當你所愛的人欺騙或背叛你，真的很傷人，這種傷口要很久才會癒合。如果伴侶偷吃、說謊、欺騙、背叛、操控或傷害你，你必須決定是否要讓關係繼續下去。這絕對不容易，你的選擇取決於很多因素，包括孩子、財務、可考慮從輕發落的狀況、背叛的情節、過去發生的頻率等。所以當你花費必要的時間做這個艱難的決定時，一定要練習給自己很多同情。承認你的痛苦和壓力，善待自己。

■ 盲目與謹慎信任 ■

如果你選擇留下來，你會面臨很辛苦的過程。如果你曾被深深信任的人傷害、虐待、欺騙，通常要經過很長的時間，和那人相處才會再次感到安全安穩。所以如果你選擇留下，可預期你會產生很多懷疑、不安全、不確定、

嫉妒或焦慮。如果你希望關係能持續下去、恢復活力、愈來愈幸福，你是否願意在努力辛苦重建信任的同時打開心扉，保留空間給這些感覺？如果答案是否定的，那麼你將進退失據，直到你離開這段關係，或決心改善關係。在這個情況下，你會需要很多自我疼惜。

但如果你的答案是肯定的，你願意辛苦重建，那麼很重要的是分辨盲目的信任和謹慎的信任。「盲目的信任」是指你信任一個人，卻沒有花心思評估他是否值得信任。「謹慎的信任」則是張開眼睛看這個人：你會評估她的言行，只有她贏得信任時才信任。所以你在重建關係時，你必須注意這些問題：

- 伴侶是否誠實、坦白、真實，或常會說謊、隱瞞、欺騙？
- 她是否誠懇？說話由衷？
- 他是否可靠？是否信守承諾？
- 她是否負責？是否會考慮行為的後果？
- 他有能力嗎？承諾的事有能力真的做到嗎？

如果伴侶的表現誠懇、可靠、負責、有能力，**而且**這是你直接觀察到的，不是光聽他自己說的，**並且**她能長時間維持如此，那麼**慢慢地**你可以逐步重建信任。

記住，你無法控制信任感，只能控制行為。所以如果你要再次信任伴侶，可以從小的行為開始：在小地方信任他，看看他是否值得信任。換句話說，要評估他的言行。如果伴侶證明「值得信任」，你就可以慢慢地在更大的地方信任他，好奇地觀察結果。你可以一步步繼續這樣做，同時保留空間給焦慮、不安全、懷疑等那些完全正常的感覺。如果伴侶繼續做出適當的回應，也許一段時間後你會開始再次體驗到信任的感覺。當然，這時你不再感到恐懼、憤怒、悲傷等，而會產生安穩、自在、安全的感覺。

很自然的，你必須在自我保護和信任的行為之間找到健康的平衡。換句

話說，如果你的丈夫曾劈腿，當他說要加班到很晚時，打到辦公室給他是合理的。如果你的妻子曾將貸款金額拿去賭博，監督她的全部銀行帳戶是合理的。隨著真正的信任逐步重建，這些自我保護的做法就會愈來愈不必要。關鍵是找到健康的平衡、可行的平衡。如果重點都在自我保護，你將永遠無法重建關係；但如果只有信任，忽略了自我保護，你將承擔愚昧的風險。所以要找到可行的平衡，且預期這個平衡點會逐漸改變（假設伴侶繼續證明值得信任）。對於所需的時間要務實看待，可能需要很多個月或甚至很多年，端視伴侶做了什麼事而定。

最後，承認你永遠無法完全確定。如果你要絕對確定伴侶絕不會再背叛你，只有一個方法可以做到，就是終止關係。所以如果你選擇留下來，你是否願意保留空間給不確定感？不要緊抓著「我會再次受傷」的想法，將氣吸入內在糾結的感覺，保留一點空間給胸部的緊繃感。

■ 背叛了伴侶的信任 ■

本章寫的是你被背叛的情形，但情況也可能相反，或者你們倆都背叛了對方。如果是**你**背叛了伴侶的信任，你可能必須非常努力才能重獲信任。你必須證明自己可靠、有能力、負責、誠懇；不只是證明一次兩次，而是一次又一次。你必須保留空間給伴侶的懷疑和不願再次信任你。你也必須放下「她現在該走出來了」或「他為什麼這麼久還無法再信任我」的故事。你可能要經過幾個星期、幾個月或幾年才能重建信任基金。所以你是否願意培養耐心，保留空間給你自己的挫折和不耐？

有時候當你看到伴侶的痛苦，你可能會感到焦慮、悲傷或愧疚。你是否願意保留空間給這些感受？你是否願意將氣吸入感受的所在，敞開心懷，繼續充分與伴侶溝通，待在她身邊而不是逃避她？這很重要。如果你不願意接受那些感覺，到最後必然會表現出自毀式的行為。例如你可能會為了將那些感覺推

開而表現出憤怒的樣子。憤怒讓人產生力量，但不利療癒和修補。或者你可能想要利用藥物、食物、煙酒壓抑你的感受，這顯然對你自己的健康和福祉是不好的。或者你可能想要轉移注意力而讓自己很忙碌、看電視、上網，這會浪費很多時間，對修補關係完全沒有建設性。你甚至可能會逃避伴侶，因為看到對方痛苦會讓你產生不好的感覺，但逃避對於關係的重建是災難。

所以你不能逃離這些感受，而要利用這些感受和你的價值觀連結：這些感受代表什麼東西對你很重要？你要如何依循這些價值觀去行動？

你也要利用這些感覺培養對自己和伴侶的同情心。是的，你也值得疼惜！過度指責自己無法改變過去或彌補錯誤。你愈能練習同情自己與自我疼惜，愈容易疼惜伴侶，而這正是伴侶需要你給他的。

■ 關於誘惑的一點看法 ■

我們有時候都會很想做某些會破壞關係的事：說謊、欺騙、操縱或傷害伴侶。從 ACT 的觀點來看，這沒有「不對」或「不正常」之處，這些是正常的想法、感覺和衝動，也極度常見。問題永遠在可行性。如果你依循這些想法和感覺行事，短期可能會帶給你快樂或滿足，但長期來看能否深化或強化你們的關係？

你雖無法讓自己不產生被誘惑的感覺，但可以選擇如何回應這些感受。例如你可能想要和某人做愛，但你不必真的去做啊！你可以秉持正念看待你的想法和感受，從自動化反應模式轉為知覺模式，有意識地掌控你的手腳。然後你可以記住你對於信任、尊重、關懷、公平、正直的價值觀，依循價值觀（而不是衝動）行事。持續這麼做，你會得到雙重的獎賞。你不僅能夠讓伴侶知道他能信任你，你也能建立對自己的信任。這是很寶貴的禮物。人生的考驗千百種，當你相信自己能夠明智地面對考驗，等於有一個最棒的盟友陪在身邊。

第三部

第 **24** 章
放自己一馬

　　小時候我們常玩一種叫做「城堡王」的遊戲。兩個孩子競爭爬山或爬坡或攀到高牆頂，誰先到最上面就可以對另一人喊：「我是城堡國王，你是卑鄙壞蛋！」「國王」自覺很棒，心情愉快，得意洋洋俯視下面的人，嘲弄他是「卑鄙壞蛋」。但當「卑鄙壞蛋」的感覺一點都不好。可嘆的是，成年夫妻往往也在玩非常類似的遊戲。

■ 和伴侶比較 ■

　　你的大腦是否曾經拿自己和伴侶比較？它是否聲稱你比較優越、聰明、強大？它是否有時暗示，也許你值得配上更好的人？或告訴你，你不如伴侶，你比他渺小、愚笨、軟弱？或者兩種情況交替出現？關於自己的故事總是很誘人，我們很容易就會被吸引住，耽溺其中。如果你沉浸在「我比較優越」的念頭，可能會看不起伴侶，輕忽他的想法，不理會他的需要，或不夠尊重他。如果你沉浸在「我不如人」的念頭，可能會變得缺乏安全感、焦慮、害怕被拒、需要安慰、一定要別人贊同你或忽略自己的需要。所以緊抓住這些故事是沒有用的。

　　你的大腦可能不會認同，或許會抗議：**但這是事實！** 我們要面對現實，

如果你的大腦要「證明」你比較優越，當然可以找出你超越伴侶的很多地方。如果你的大腦要「證明」你不如伴侶，同樣可以找出伴侶比你好的很多地方。這永遠都可以做到，只要將兩個人放在一起，必然會看到不同的「優缺點」。所以要感覺優越，只要專注去看你「比較強」的地方。要感覺不如人，只要專注去看你「比較弱」的地方。我可以向你保證，你只要用心看都可以找到兩者的證據。（順帶一提，你會注意到我將「優缺點」附上括號，這是要提醒你這是**評價**，不是**事實**。例如我評價我在悲傷時能自在哭泣是優點，但有些人會評價是缺點，尤其將之融入「男人不可以哭！」的故事時。）

既然你可以輕易「證明」你的自我評量，為什麼要浪費時間爭辯？與其爭辯這是不是「事實」，不如從可行性來考量。請誠實地自問，緊抓住你的自我敘述是否能讓你們的關係更豐富更有意義？緊抓著「我比較優越」的念頭或許讓你自我感覺良好，但通常會導致傲慢、自私、自我中心，忽略了平等公平的價值觀。緊抓住「我比較差」的念頭常會導致缺乏安全感、忌妒、沮喪、焦慮、需索，忽略自我關懷和自我尊重的價值觀。因此，兩種故事都無助關係的經營。

希望你能明白，不要把你的自我敘述看得太認真比較好（不論是正面或負面的敘述）。如果你的大腦告訴你正面的自我敘述，你可以微笑說：「嗯，有趣的故事。」如果你的大腦告訴你負面的自我敘述，你也可以微笑說：「嗯，有趣的故事。」如果你的大腦拿你和伴侶比較，你可以微笑給它一個名稱：「啊哈！又在比較！」

就像其他任何想法，你可以讓你的自我敘述自行來去，讓它像路上的汽車開過去，或像河流上的葉子漂過去。你可以不要沉浸在這些自我敘述，記住你的價值觀：你要成為怎樣的伴侶？你要代表什麼意義？你是否擁抱平等、公平、尊重、關懷的價值觀？如果你讓這些價值觀引導行為（而不是被自我敘述主宰），結果會如何？

■ 改變行為：知易行難？ ■

改變長期的行為模式絕對不容易。你的大腦告訴你，你比較優越或比較差勁（或兩者並存）已經很多年，你又根深柢固地習慣挑出這類故事，深深沉浸其中。所以如果你發現很難放下，我建議你練習「順流而下的樹葉」（參見第十章）及／或正念呼吸（參見十一章），每次至少五到十分鐘，一天一兩次。（做愈多愈好！）當你重複進入正念的「心理空間」，可能會發現有一樣東西會讓你產生很大的力量：超越語言、更高層次的自我感。依據ACT 理論，我們稱這部分的你為「觀察的我」。

我們可以從很多不同的角度探討「自我」，但西方人常自我侷限在兩種角度：（1）物理我──我們的身體，（2）思考我──我們的大腦。但自我還有第三個層面，亦即前面所說的，我們每次練習正念時運用的我。當你觀察你的想法，是誰在觀察？當你注意到你的感覺，是誰在注意？依據 ACT 理論，我們通常稱這部分為**觀察的我**。西方文化大抵忽略每個人都有的這個部分。

我們在日常生活中常說「我想如何如何」，卻沒有體認到裡面有兩大元素：思考的自我和觀察的自我。我們都太熟悉思考的自我，這部分會源源不絕地產生各種文字和畫面：想法、信念、記憶、幻想、計畫、白日夢、意見、評價等等。因此當我們說「我想如何如何」時，一般是指思考的自我。相反的，很多人對於觀察的自我沒有概念：這部分的你默默地在注意或觀察。我們甚至沒有日常用語可以形容它，最接近的詞是「覺察」或「意識」。

思考的自我和身體的自我聯合創造出生命的舞台秀。身體的我透過五官和外界互動，從而產生你的全部感覺：色聲香味觸的全部經驗。你的所有想法、記憶和腦中的影像都是思考的自我所產生的。你的感覺和情緒混合了五種感官經驗、腦中的影像、記憶和想法。思考的自我和物理自我（身體）合作搬演生命的舞台秀：精彩的表演內容包含你全部的想法、感覺、色聲香

味觸的全部經驗，且表演內容不斷變化。觀察的自我則是看秀的你：能夠專注在任何部分，或是退後一步全部看在眼裡。表演雖不斷變化，觀察的自我是不變的。你每一次練習正念都會用到這部分的你。當你學習注意你的想法，觀察你的呼吸，注意與保留空間給你的感覺，或當你打開心扉、放下、用心投入互動，都是觀察的自我在作用。（如果你想要對觀察的自我有更多了解，或許可以閱讀我的第一本書，《快樂是一種陷阱》／The Happiness Trap／請參考推薦書單。）

如果你希望不要那麼執著於你的自我敘述，你的觀察的自我是很有力的盟友。它能讓你看清你的自我敘述不過是一堆想法。不論這些想法有多正確或多錯誤，都只是人生奇妙舞台秀的一小部分。當你退後幾步遠觀舞台上的表演，這一切便一目了然。你會認清想法的真相：不過是語言、影像或聲音。內容正確與否不是重點，重點是如果你太執著其中，就會有問題。在觀察的自我的「心理空間」裡，你的自我敘述不再能控制你。你離舞台愈遠，愈能看清故事的真相：只是一個表演者想要抓住你的注意力，迫不及待要搶盡風頭，獨占鎂光燈的焦點，讓舞台的其他部分陷入黑暗。有時候它確實會成功。但當你培養出自己的正念技巧，你就能打開整個舞台的燈光，而不會讓單一表演者獨占鰲頭。

短期而言，放下這些自我敘述可能讓人不自在。舉例來說，如果你仰賴「優越」的故事帶給你自我價值感，你可能會發現放下這則故事後，焦慮、不安全感、自我懷疑紛紛浮現出來。同樣的，如果你放下「自卑」的故事，開始依循你關於自尊與自我照顧的價值觀行事，你可能會開始恐懼被拒絕或受傷害。所以你要問自己：「我是否有意願為了營造更好更豐富的關係而保留空間給不自在的感覺？」如果答案是肯定的，那麼你要練習 LOVE：放下、打開心扉、依循價值觀、用心投入。如果答案是否定的，那就接受事實，也就是你被困住了，然後開始練習自我同情，直到你能再度跨步往前走去。

第 **25** 章
享受樂趣

到目前為止，我們忽略了一個很重要的價值觀，就是享受樂趣。如果你忽略了這個價值觀，關係很容易變得非常沉重嚴肅。俗語說：「只有工作沒有玩樂，會讓傑克變成沉悶的男孩。」

■ 創造連結的儀式 ■

可嘆的是我們的生活太繁忙緊張，很容易就忘了保留時間給玩樂和遊戲。建立某種固定的「**連結儀式**」很有用，所謂儀式是指你們經常做的事（任何活動都可以），主要目的是強化你和伴侶的連結。你可以利用這些儀式玩樂、玩遊戲、分享快樂、互相支持、表達感情或深化親密。簡單的連結儀式包括：

- 下班回家談一天的生活
- 邊喝酒邊談心
- 出去約會：吃飯、看電影、打保齡球、跳舞等等
- 一起從事體能活動，如跑步、游泳、走路或瑜珈
- 一起從事精神活動，如靜坐或上教堂
- 一起投入嗜好、手工藝或創意活動

- 玩遊戲
- 家庭旅遊
- 請朋友來家裡吃飯
- 親密接觸，從沙發上摟抱到做愛都可以

找時間連結對健康的長期關係很重要。所以請利用這份清單激發點子，拿出你的日記或練習單，你想到任何建立儀式的點子都可以寫下來。

■ 如果伴侶有意願 ■

一起腦力激盪，想想如何可以更常強化連結，不妨利用前面的建議當做指南。此外，想想你們以前是如何連結的。想出一連串點子後，挑出最可行的幾項，決定實際去做的時間和地點。

很多夫妻覺得安排「約會之夜」很有幫助。不妨每週出去約會一次，就只有你們兩個。約會時不要找朋友，好好享受兩人時光。如果你覺得很心動，那就拿出日曆，至少提早一個月寫下日期。否則你可能會因為太忙於日常生活的種種事情而忘了約會。（如果沒辦法每週一次，就按照你們的情況適度調整。）

很多夫妻都覺得一種簡單的儀式很有幫助，就是經常深入談兩人的關係：從雙方的角度「查看」關係的發展狀況。可以利用吃飯、喝酒、公園散步或甚至約會之夜進行。有些夫妻每隔幾週談一次，有些覺得一週一次比較適合。你可以嘗試看看，再依據你的需要調整。下列問題對這類談話應該有幫助：

- 我們的關係有哪些做法是可行的？你注意到哪些地方是你認同的？
- 過去兩週裡你最珍惜的是什麼？
- 你在哪些時候最能感覺到有連結、被滿足、被愛、被支持、被了解、

被接受或被關懷？

- 又有哪些做法是沒有效的？我們可以有哪些不同的做法能讓效果更好？

當你要計畫約會或其他的連結儀式，想想如何將玩樂、遊戲、休閒、快樂帶入關係中。請輪流提問與回答下列問題：

- 你認為什麼是樂趣？
- 我們以前做過什麼好玩的事？
- 什麼事會讓你露出笑容？
- 你何時感覺最有活力？
- 什麼事讓你充滿喜悅？
- 我們目前做的哪些事讓你覺得好玩？
- 我們將來怎麼做可以有更多樂趣？

回答完這些問題後可以將之轉化為計劃，安排你們可以經常去做、純粹為了一起玩耍或享受快樂的事。（做的時候一定要完全投入，如果你陷在自己腦中的世界，肯定不會有太多樂趣！）

■ 時時檢視你的心 ■

ACT 主張要經常省思你的價值觀：要思考、討論、寫下來或甚至靜坐內省。如此才不會只在乎細微末節，而能記住長期而言什麼才是真正重要的。當你沉溺在無益的故事裡，因為吵架爭執而受傷，因為伴侶與自己不同而失望或煩躁，感到無聊、受困、幻滅、被欺騙或不滿足，你永遠可以在價值觀中找到助力：拉你一把，讓你回到正軌。

但你的價值觀不會像書架上的書擺得整整齊齊的，可能會從四面八方拉

- 愛與痛苦是舞伴，總是手牽手。
- 你無法總是得償所願。
- 世界上沒有所謂完美的伴侶。
- 複雜的問題鮮少有簡單的答案。
- 你無法控制你的伴侶，但你可以控制自己！
- 你可以影響你的伴侶，但蘿蔔遠比棍子更有效。
- 衝突不可免，但公平吵架、修補以及練習同情可以讓衝突的破壞性低很多。
- 愛的感覺來來去去，但隨時可以表現愛的行為。

我們可以輕易將這個清單擴充到好幾頁，但本書的精髓——修補與深化你的關係——可以概括為兩大概念：

1. 減少耗損因子：沒有連結、被動反應、逃避、陷在腦中的世界、忽略價值觀。
2. 增加 LOVE 的作為：放下、打開心扉、依循價值觀、用心投入。

就依循價值觀而言，我們主要著重關懷、連結和貢獻。我們當然還可以探討很多價值觀，但這三點特別重要。若沒有這三點，想要營造豐富的關係無異於妄想在沼澤上蓋城堡。

我們也探討很重要的一件事：努力改善自己，盡可能讓自己變成最好的伴侶。當一方開始表現得很用心，關係裡的緊張和衝突通常會快速減少。你愈是能秉持關懷、和善、養育、寬恕、接受、疼惜、自信、平等、尊重的價值觀行事，伴侶愈可能正向回應。

當然，說起來容易，做起來困難。你總會碰到許多阻礙。套用印度的天主教主教杜索達（Father Alfred D'Souza）的話：「很長一段時間我感覺人生就要開始了，真正的人生。但總有一些阻礙是我必須先克服的，未完成的

事、有待消磨的時間、需要償還的債務。然後我的人生就會開始了。最後我終於領悟到，這些阻礙就是我的人生。」

親密關係碰到的阻礙也不少：包括各式各樣的問題、困難和事情。但只要抱持正確的心態，這些挑戰都可以成為成長的契機，讓你不僅有機會增加心理靈活性，還能強化與深化你們之間的連結。你必須有意願，有意願學習、成長和調適。有意願擁抱現實，即使現實不符你的期待，有意願探討你們的差異，找出建設性的方法，秉持互相關懷的態度來調和或接受差異。有意願保持靈活性和適應性面對不斷變化的人生境況。即使情況有時候會變得艱難與乏味，願意與伴侶連結，給予關懷與扶持。願意放下、打開心扉、依循價值觀、用心投入，一次又一次，絕不放棄。

■ 臨別贈言 ■

LOVE 的原則很簡單，但不容易做到，需要努力、練習和用心。偉大的詩人里爾克（Rainer Maria Rilke）這麼說：「去愛另一個人可能是我們最艱難的任務，是最後一項終極試煉與證明，其他的一切努力都是為此做準備。」所幸雖然艱難，獎賞也很豐厚。

愛是一大冒險，會帶給我們驚奇與恐懼，快樂與痛苦，辛苦與喜悅，訣竅是擁抱過程的每一部分。驚奇和喜悅會讓你充滿活力，痛苦會讓你變柔軟，心胸更開闊。所以在旅程持續時好好珍惜吧，讓它發揮最大的價值，從中學習與成長，當情況變得艱難，（這一定會發生的）那時，就善待自己。不論你有什麼感覺，都請化為愛的行動（ACT）。

附錄：結束就是結束了

　　我很不願意寫這一章，我的希望是讀者運用 LOVE 之後：放下、打開心扉、依循價值觀、用心投入，就能解決問題，調和差異，深化與強化你們的關係。遺憾的是，有時候就是無法這麼順利，有時候你嘗試了一個人能做的一切，似乎就是無法奏效。當然，閱讀這樣的一本書並不等於窮盡一切資源，我在資源一節還列出其他書籍，每一本都可以對讀者很有幫助。此外，很多夫妻覺得求助治療師或諮商師、接受個人治療或兩者並行很有幫助。

　　但如果你們已經到了無法挽回的地步，你確定分開是正確的選擇，那麼就秉持 LOVE 來分開。分開時要記住你的價值觀，你希望自己是怎樣的人，就要表現出那個樣子。和平分手對大家都好，特別是有小孩的話。原本的伴侶若陷入激烈的訴訟和充滿敵意的監護權之爭，律師會賺到錢，但其他人全都痛苦不堪。當父母利用孩子當武器來互相傷害，就更讓人心碎了，過程中受傷的永遠是孩子。

　　所以如果你選擇離開，你希望離開代表什麼？報復、怨恨、敵意嗎？拖著孩子上法院？不計代價傷害別人？或者你現在的作為讓你將來回顧人生這段痛苦經歷時，可以證明你具備足以自豪的特質，例如坦率、誠實、公平、和善、照顧好孩子的最佳利益？

　　還有一點要考慮：你可以放下什麼無益的故事？報復的故事特別具誘惑力：「她傷害了我，所以我也要傷害她！」你的大腦告訴你，這樣會讓你感覺比較爽，但這個可能性很低。即使報復真的讓你短時間得到滿足，事後你可能會後悔。既然長期來看對兩人都沒有好處，為什麼要把時間、金錢、心力投注在充滿怨恨、敵意、風暴的冗長分手過程？

另外要記住，每一種痛苦的情況都讓你有機會培養心理彈性，所以你要在垃圾裡找黃金。畢竟，如果一定要到地獄走一遭，還不如讓自己有點收穫。你要問自己，我如何可以從中有所收穫和成長？關於寬恕、疼惜、放下、正念、接受，我可以學到什麼？我自己的經驗可以帶給我關懷的人哪些益處？

你要一次又一次回到 LOVE 的原則：放下、打開心扉、依循價值觀、用心投入。這些對關係的每個階段都很有用，不論是開頭、中間或結束。最重要的，也就是你與自己的關係也非常適用。因此你要記住你關於和善、關懷和疼惜的價值觀，將之應用到你自己身上。你在艱難的時期一定會需要這些來指引你。

資源

工作坊

　　羅斯在全世界各地舉辦許多 ACT 訓練工作坊。工作坊資訊請至 www.actmindfully.com.au 查詢。

CD 及 練習單

　　羅斯設計並錄製了《正念技巧第一卷》與《正念技巧第二卷》，內容包含相當多的正念練習，可用在你自己或個案身上。您可於 www.actmindfully.com.au 網站購買或下載 MP3 及本書內提及的各樣練習單。

尋找 ACT 治療師

　　欲尋找 ACT 治療師或更深入了解 ACT，請至：www.contextualpsychology.org.

推薦書單

Comfort, Alex. 1991 *The New Joy of Sex*. New York: Crown Publishers.

Gottman, John, and Nan Silver. 1999. *The Seven Principles of Making Marriage Work.* New York: Three Rivers Press.

羅斯‧哈里斯。2008。《快樂是一種陷阱》。 （張老師文化）

McKay, Matthew, Patrick Fanning, and Kim Paleg. 2006. *Couple Skills*. Oakland, CA: New Harbinger Publications.

Walser, Robyn D., and Darrah Westrup. 2009. *The Mindful Couple: Using Acceptance and Mindfulness to Enhance Vitality, Compassion, and Love.* Oakland, CA: New Harbinger Publications.

幸福關係的防疫處方箋

參考書目

Gottman, John, and Nan Silver. 1999. *The Seven Principles of Making Marriage Work.* New York: Three Rivers Press.

Hayes, Steven C., Kirk Strosahl, and Kelly G. Wilson. 1999. *Acceptance and Commitment Therapy: An Experiential Approach to Behavior Change.* New York: Guilford.

Hayes, Steven C., Kelly G. Wilson, E. V. Gifford, Victoria Follette, and Kirk Strosahl. 1996. Experiential avoidance and behavioral disor-ders: A functional dimensional approach to diagnosis and treatment. *Journal of Consulting and Clinical Psychology,* $_{64}$(6): 1152–68.

Hite, Shere. 1976. *The Hite Report: A Nationwide Study of Female Sexuality.* New York: Seven Stories Press.

Neff, K. D. 2003. Self-compassion: An alternative conceptualization of a healthy attitude toward oneself. *Self and Identity*, 2, 85-102.

Nhat Hanh, Thic. 1976. *The Miracle of Mindfulness!* Boston: Beacon Press.

Weintraub, Stanley. 2001. *Silent Night: The Story of the World War I Christmas Truce.* New York: The Free Press.

國家圖書館出版品預行編目（CIP）資料

幸福關係的防疫處方箋：亮燦愛的行為！／羅斯‧哈里斯（Russ Harris, MD）作；張美惠譯. --初版.-- 臺北市：張老師，2020.05
　　面；　公分.--（教育輔導系列；N153）
譯自: ACT with love : stop struggling, reconcile differences, and strengthen your relationship with acceptance and commitment therapy.
ISBN 978-957-693-942-6（平裝）

1. 人際關係　2.心理治療　3.行為治療法
178.8　　　　　　　　　　　　　　　　　　　　　109005637

教育輔導系列 N153

幸福關係的防疫處方箋：亮燦愛的行為！

Act With Love: Stop Struggling, Reconcile Differences, And Strengthen Your Relationship With Acceptance And Commitment Therapy

作　　者／羅斯‧哈里斯（Russ Harris, MD）
譯　　者／張美惠
中文版審閱／張本聖
責任編輯、校對／蔡含文
封面設計／林淑惠
特約總編輯／蔣仲子
行銷企劃／呂昕慈

發 行 人／李鍾桂
總 經 理／涂喜敏

出 版 者／張老師文化事業股份有限公司 Living Psychology Publishers Co.
　　　　　郵撥帳號：18395080　10647台北市大安區羅斯福路三段325號地下一樓
　　　　　電話：(02)2369-7959　傳真：(02)2363-7110　E-mail：service@lppc.com.tw
　　　　　讀者服務：23141新北市新店區中正路538巷5號2樓
　　　　　電話：(02)2218-8811　傳真：(02)2218-0805　E-mail：sales@lppc.com.tw
　　　　　網址：http://www.lppc.com.tw（讀家心聞網）

登 記 證／局版北市業字第1514號
I S B N／978-957-693-942-6
定　　價／380元
初版1刷／2020年5月

法律顧問／林廷隆律師
排　　版／菩薩蠻電腦科技有限公司
印　　製／鴻嘉彩藝印刷股份有限公司